國家圖書館出版品預行編目資料

六朝仙道身體觀與修行理論探討（下）／張億平 著 — 初版 —
新北市：花木蘭文化事業有限公司，2019〔民 108〕
目 4+134 面：19×26 公分
（中國學術思想研究輯刊 二九編：第 6 冊）
ISBN 978-986-485-708-1（精裝）
1. 道教修練 2. 魏晉南北朝
030.8   108001204

ISBN-978-986-485-708-1

9 789864 857081

中國學術思想研究輯刊
二九編　第六冊　　　　ISBN：978-986-485-708-1

六朝仙道身體觀與修行理論探討（下）

作　　者　張億平
主　　編　林慶彰
總 編 輯　杜潔祥
副總編輯　楊嘉樂
編　　輯　許郁翎、王　筑　美術編輯　陳逸婷
出　　版　花木蘭文化事業有限公司
發 行 人　高小娟
聯絡地址　235 新北市中和區中安街七二號十三樓
　　　　　電話：02-2923-1455／傳眞：02-2923-1452
網　　址　http://www.huamulan.tw 信箱 hml 810518@gmail.com
印　　刷　普羅文化出版廣告事業
封面設計　劉開工作室
初　　版　2019 年 3 月
全書字數　293011 字
定　　價　二九編 15 冊（精裝）新台幣 28,000 元　　　版權所有·請勿翻印

中國學術思想 研究輯

二 九 編

林 慶 彰 主編

第 6 冊

六朝仙道身體觀與修行理論探討（下）

張 億 平 著

花木蘭文化事業有限公司

六朝仙道身體觀與修行理論探討（下）

張億平　著

第五章　六朝仙道修行方式及其意義

　　神仙家爲古來好講神仙之說或奇方異術之方士的統稱，以修煉成仙和不死之藥等方術上邀在上位者信任。《漢書·藝文志》說：「神仙者，所以保性命之眞，而游求於外者也。聊以蕩意平心，同死生之域，而無怵惕於胸中。」[註1] 其信奉的神仙之說與方士所行之術，轉變爲魏晉以後道教中最基本的信仰與操作技術。

　　仙道實爲融合先秦以來諸多方術與思想而成。究竟是他們先吸收了這麼多方術然後從中逐漸形成求仙修煉的系統，抑或先懷抱求仙的欲望而後逐漸將眾多相關方術收納進來，已難以考察。要之，異時異地的人們各自探索人體與生命，發展出眾多養生延命的論述與方術，從漢代至六朝，在時代思潮與政治影響之下，方士開始有意識地聯通、收集採納這些資訊，納入以道爲名的宗教範疇之下，以黃老、道家爲理念核心，將原本哲理爲重的思想轉變爲重視此生生命延續的實踐理論，道教中的求仙一系於焉形成，本文稱之爲「仙道」。他們主要憑藉自力進行內在修煉，以求轉化生命性質，視得道成仙爲歸趨，是唐宋道教中內丹學之前身。內丹學所注重之修行概念、所運用之修煉技巧，大部分已在六朝仙道中出現；後世的內丹學可謂在六朝仙道豐富而紮實的成果上進一步演變、推進、拓展。

　　以下討論六朝仙道主要的修行方法。第一節分論修煉法中經常使用的數種小術，探究其意義。第二節論辟穀與服食的邏輯。第三節論數種服氣之淵源與理論。第四節論存思的幾大類型和運作原理。第五節論何謂守一及其共通原則。

[註1] （漢）班固撰；（唐）顏師古注：《新校本漢書集注·藝文志·方技略》卷30，
　　　　P.1780。

第一節　修行常用小術

　　道教儀軌的操作往往繁複精密，發展到後來常組合多種動作與咒偈來形成一套完整的修煉功法或法術。如《黃庭內景經‧脾長章》云：「閉塞三關握固停，含漱金醴吞玉英。遂至不飢三蟲亡，心意常和致欣昌。」〔註2〕這裡就提到配合存思修煉的動作，一為漱嚥，一為握固。仙道修煉常用的小術甚多，無法一一詳述，本文討論重在指出仙道儀式、儀軌實有淵源，並呈現其運作背後的理路。六朝仙道修行法門中屢屢出現漱嚥、握固、扣齒等動作，三者可以作為修行小術之代表。即便不是修煉的關鍵、主體，此三項小術也是儀式中的基本工夫或必備程序。故本節擬先討論漱嚥、握固、扣齒在仙道修行理論中具有何種意義與功用。

一、漱嚥

　　在醫家而言，唾液是人體內諸種津液之一。津液乃泛指由飲食精微通過胃、脾、肺、三焦等臟腑的共同作用所化生的營養物質，《素問‧宣明五氣》分別五藏化液：「心為汗，肺為涕，肝為淚，脾為涎，腎為唾，是謂五液。」〔註3〕依此，則口中的唾或涎來源於主後天水穀運化的脾、主存藏先天精氣的腎，二者都與精氣有關，口中津液充足不僅幫助脾胃消化，也表示脾、腎功能較為正常。〔註4〕據第四章第三節談身體中的流行可知，津液為廣義氣血的一類，亦為精氣所化，故自古以來醫家與修道者皆言愛惜津液，如《養生延命錄‧導引按摩篇第五》云：「《內解》云：一曰精，二曰唾，三曰淚，四曰涕，五曰汗，六曰溺。皆所以損人也。但為損者，有輕重耳。」因為津液離開身體則損人，故主張常嚥津液而不涕唾：

> 人能終日不涕唾，隨有漱滿咽之，若恆含棗核咽之，令人愛氣生津液，此大要也。〔註5〕

〔註2〕　《太上黃庭內景玉經》，《正統道藏‧洞玄部‧本文類》冊10，P.109-1。

〔註3〕　《黃帝內經素問譯解‧宣明五氣》，P.208。

〔註4〕　南宋初道教學者曾慥編撰的《道樞‧黃庭篇》卷7中可以清楚看到道教吸收醫家對於口中津液的認知，與醫家所言大略相近：「口者，玉池也。其中靈液皆由脾胃消化水穀承變而生焉。其源自乎肘後之關衝之至于轆轤之關，其分四脈：下之二脈，從頂之後入頂之下，透舌之二竅及下齒齒縫也出焉；上之二脈入於泥丸，穿于上腭之二竅及上齒出焉。一氣不調則水穀不化，脾胃之氣緩而玉池乾枯焉。」（《正統道藏‧太玄部》冊35，P.236-1）

〔註5〕　《養性延命錄‧導引按摩篇第五》卷下，《正統道藏‧洞神部‧方法類》冊31，P.91-1。

《神農本草經》記載大棗藥性：「主心腹邪氣，安中養脾，助十二經。平胃氣，通九竅，補少氣、少津液、身中不足，大驚，四肢重。和百藥。久服輕身長年。」〔註6〕乃滋陰補營養脾之藥；用棗核刺激口腔，令生唾液而嚥之，當可補脾胃之氣、津而助水穀運化。又，《諸病源候論‧虛勞病諸候上》引《養生方》云：

> 唯欲嘿氣養神，閉氣使極，吐氣使微。又不得多言語、大呼喚，令
> 神勞損。亦云：不可泣淚，及多唾洟。此皆爲損液漏津，使喉澀大
> 渴。〔註7〕

吐氣盡量微細、少言語、少呼喚，乃至禁止哭泣與唾洟，都是爲了保養身體、減少損耗。此處少唾洟與少言語並舉，可見口中津液和呼吸之氣皆屬默氣養神欲保養的生命資源。

六朝仙道還認爲精氣所化的唾液是養生不可或缺者，且對修行甚有裨益，《黃庭外景經‧精液章》：「精液流泉去鼻香，立於玄膺含明堂，通我華精調陰陽。」〔註8〕是說津液可以去除口鼻中的異味，津液降於明堂則能通精氣，調和身中物質與能量，這就是把津液當作與精氣相連通，津液同樣具有神秘精微的性質。津液的調和功能也見於《養性延命錄‧教誡篇第一》引《雜書寶予命》曰：

> 古人治病之方，和以醴泉，潤以元氣，藥不辛不苦，甘甜多味，常
> 能服之，津流五藏，繫在心肺，終身無患。〔註9〕

口中津液可以與藥相和，輔助治療之效，故能辟除疾患；言繫於心肺是指吞嚥之津液下於胸中時，能與胸中宗氣相合，由此滋潤五臟。

吞嚥口中津液之法，稱爲漱嚥，即以舌頭在口腔中攪動，令唾液泌出，然後徐徐吞服。漱嚥此一方術至遲在戰國時已有之，馬王堆醫書《十問‧一問》即已將漱嚥配合服氣：

> 吸毋過五，致之口，枚之心，四輔所歸，玄尊乃至。飲毋過五，口
> 必甘味，至之五臟。形乃亙退。〔註10〕

言服氣、漱嚥宜有節度，不可貪多。所服之氣存於體中，歸於四肢；玄尊指

〔註6〕　《神農本草經》卷1，P.287。
〔註7〕　《諸病源候論校注‧虛勞病諸候上》卷3，P.89-90。
〔註8〕　《太上黃庭外景玉經》，《正統道藏‧洞玄部‧本文類》冊10，P.115-2。
〔註9〕　《養性延命錄‧教誡篇第一》卷上，《正統道藏‧洞神部‧方法類》冊31，P.81-1。
〔註10〕　《馬王堆古醫書考釋‧《十問》考釋》，P.873。

美酒,以喻口中津液,所嚥之津則達於五臟。行此二者,可令形體變化。可見在戰國晚期,已認爲服氣、漱嚥所攝入之精氣,不只滋養身體而已,而且能對身體發生影響、轉變身體。漢代時亦有行漱嚥以養生的記載,《後漢書‧方術列傳》注引《漢武內傳》:

> 王眞字叔經,上黨人。習閉氣而吞之,名曰「胎息」;習嗽舌下泉而咽之,名曰「胎食」。眞行之,斷穀二百餘日,肉色光美,力並數人。〔註11〕

漱嚥作爲養生方術,是配合辟穀一起進行的。辟穀是棄食對壽命無益者,漱嚥則是存留對壽命有益者。「胎食」也者,意謂如同未出生之胎兒一般,不由外攝食百穀,透過漱嚥之法,用口中自生之津液來滋養自身。除了保全本有精氣的意思外,還隱含模擬胎兒不食,藉以復歸生命初始的巫術觀念。

六朝醫家與道教都承繼採納古來的漱嚥養生方術,將之視爲日常保養的重要步驟。《養生延命錄》數處收錄漱嚥養生之法,且舉二例:

> 食玉泉者,令人延年,除百病。玉泉者,口中唾也。雞鳴、平旦、日中、晡時、黃昏、夜半時,一日一夕,凡七漱玉泉食之,每食輒滿口咽之,延年。
>
> 《元陽經》曰:常以鼻納氣,含而漱,滿舌料脣齒咽之,一日一夜得千咽,甚佳。〔註12〕

不像《十問‧一問》那麼節制,一天中各個重要時段都應漱嚥,可以延年;又,服氣、漱嚥並行,更不限次數,多多益善。關於漱嚥的功效,《黃庭內景經‧口爲章》云:「口爲玉池太和宮,漱咽靈液災不干,體生光華氣香蘭,卻滅百邪玉鍊顏。」〔註13〕藉由漱嚥吞服的能量,一則用於卻滅百邪,二則充養身體而外顯光澤。醫家觀點雷同,如《諸病源候論‧虛勞病諸候上》認爲「虛勞羸瘦」之癥候正是因爲氣血虛弱所致:「夫血氣者,所以榮養其身也。虛勞之人,精髓萎竭,血氣虛弱,不能充盛肌膚,此故羸瘦也。其湯熨針石,別有正方。補養宣導,今附於後。」所云補養宣導之方主要就是漱嚥:

> 《養生方》云:朝朝服玉泉,使人丁壯,有顏色,去蟲而牢齒也。

〔註11〕《後漢書‧方術列傳‧王眞郝孟節》卷82,P.2751。
〔註12〕以上,分別出自〈雜戒忌禳災祈善篇第三〉、〈服氣療病篇第四〉,《養性延命錄》卷下,《正統道藏‧洞神部‧方法類》冊31,P.88-1、89-1。
〔註13〕《太上黃庭內景玉經》,《正統道藏‧洞玄部‧本文類》冊10,P.107-2。

> 玉泉，口中唾也。朝未起，早漱口中唾，滿口乃吞之，輒琢齒二七
> 過，如此者三，乃止，名曰練精。又云：咽之三過，乃止。補養虛
> 勞，令人強壯。〔註14〕

要求一早醒來還未下床，就先行漱嚥與叩齒，不僅補養氣血，還能夠去身
中蟲，則唾液直是補祛兩用之良藥，故特稱爲「玉泉」。「漱嚥」何以能卻
邪、去蟲？道、醫典籍中似未見說明，大約亦通於正氣常存而使眾邪辟除
的邏輯。

　　從上面數例可知，津液雖然是人體內自己產生的物質，但對於養生方術
或仙道來說，出於己又還於己，不會因爲自出自入就讓滋養的效果相抵消。
在修練的邏輯上，此該如何作解？

　　一方面，唾液型態似水，而水作爲五行之一，本來就蘊含神祕性質，《管
子・水地》：「水集於玉，而九德出焉。凝蹇而爲人，而九竅五慮出焉。此乃
其精也。」、「故曰：水者何也？萬物之本原也，諸生之宗室也。」〔註15〕水
是萬物之根源的觀點後來爲更加流動無形的氣所取代，但古人早知水之於生
命不可或缺。而且水對於道教來說，還扣合了《老子》中等常以水喻道之性
質的意象（如〈8章〉云「上善若水」），所以道教對於「水」格外看重。口中
津液不僅是身體生來即具有之水，還因爲能從口中自行源源不斷生出，彷彿
生生不息之泉源，故仙道將其聯繫至久視長生，像《黃庭外景經・玉池章》
有云：「玉池清水上生肥，靈根堅固老不衰。」〔註16〕

　　二方面，口中湧出津液，乃人體天生即具之功能，此一自然的生理反應
在仙道看來，便是道於人身所展現的自生自養之神妙。陶弘景稱漱嚥爲「飲
食自然」，亦即漱嚥是順合於道或取之於道的飲食方式，《養性延命錄・教誡
篇第一》：

> 《老君尹氏內解》曰：「唾者，湊爲醴泉，聚爲玉漿，流爲華池，散
> 爲精浮，降爲甘露。」故口爲華池，中有醴泉，漱而咽之，漑藏潤
> 身，流利百脈，化養萬神、支節、毛髮，宗之而生也。〔註17〕

所描述唾液自然流生，如同天然的雨露、流泉，滋漑大地草木一般，是以唾

〔註14〕　《諸病源候論校注・虛勞病諸候上》卷3，P.94-95。
〔註15〕　《管子・水地》冊2，卷14，P.75、76。
〔註16〕　《太上黃庭外景玉經》，《正統道藏・洞玄部・本文類》冊10，P.114-1。
〔註17〕　《養性延命錄・教誡篇第一》卷上，《正統道藏・洞神部・方法類》冊31，P.82-1。

液亦是大道生物之功，用於滋養人體。《黃庭內景經·隱藏章》甚至說津液爲天人之糧：

> 兩神相會化玉英，淡然無味天人糧，子丹進饌肴正黃，乃曰琅膏及
> 玉霜，太上隱環八素瓊，溉益八液腎受精。〔註18〕

有如天地合氣一般，人體中的陰陽二氣交會轉化之「玉英」便是氣之精華，降入黃庭餵養眞人子丹；降入腎則貯養元精。本文以爲，以漱嚥爲飲食之所以神妙至斯，還可以加上醫家觀點認爲，口中津液之生成是經過五臟轉化，這令津液中的神祕本原性質更加濃縮或提昇。仙道典籍中把口說爲玉池、華池，口中津液是醴泉、金醴、玉英、琅膏、玉霜、八素瓊，都是借用神話及煉丹術之語，當能旁證仙道視口中津液爲人體自然而然產出的神丹妙藥。

仙道如何解釋口中自生之津液滋養自身的過程？出自唐代的《幻眞先生服內元氣訣·服氣胎息訣》記載漱嚥之操作甚詳，可作爲了解六朝漱嚥的參考：

> 精者，氣也；氣者，道也。先叩齒三十六通，右轉頭一匝，如龜引
> 頸，其胎息上至咽喉，即嚥之。如此三遍，方閉口以舌內外摩料取
> 津，滿口漱流，昂頭咽之，上補泥丸，泥丸即昂頭是也。下潤五臟，
> 老子曰：甘雨潤萬物，胎津潤五臟。晝夜不寐，乃成眞人，上致神
> 仙，下益壽考。〔註19〕

胎息應指體內行氣，如何修煉，此處先不論。引胎息至咽而自嚥之，則口中所生津液便蘊含了胎息積累之精氣，此時再行漱嚥補養。這裡操作的想法是身體精氣運行有一定的路徑，胎息無法直接從體內傳至泥丸、五臟，必須導引胎息至咽然後嚥入胃中，方可取脾胃運化所生之津液上補泥丸、下潤五臟。而這樣看似累贅的操作正彷彿煉丹化合之過程。

客觀上來說，吞嚥唾液，人體可以感受到喉部肌肉送下唾液，故漱嚥還便於配合存思，想像精氣隨著漱嚥而進入胃中。因此，凡是牽涉採精服氣方術，莫不漱嚥。《黃庭經》對於存思配合漱嚥的修煉作法給予極高的評價，認爲這是仙人之飲食方式或是結珠以成仙的良方，《黃庭內景經》說：

〔註18〕《太上黃庭內景玉經》，《正統道藏·洞玄部·本文類》冊10，P.112-2。
〔註19〕《雲笈七籤·諸家氣法·幻眞先生服內元氣訣》卷60，《正統道藏·太玄部·》
　　　冊37，P.748-1。

> 朱鳥吐縮白石源，結精育胞化生身，留胎止精可長生。（〈呼吸章〉）
>
> 結珠固精養神根，玉匙金籥常完堅。閉口屈舌食胎津，使我遂鍊獲
> 飛僊。（〈玄元章〉）〔註20〕

朱鳥爲舌，白石爲齒，此指舌尖抵至牙齦的動作，如此可促使口中津液分泌。
吞嚥唾液並加存思，使漱嚥的津液功能更加具象，也因爲想像如此確實，而
增強修練積累有功的信心：一方面是透過止精、固精等保養精氣；再進一步，
則臻於結精、結珠，相當於在人體內凝結丹藥，所結之精用來哺育仙胎或是
發育爲仙胎。經過反覆提煉，精氣就逐漸長成用以成仙的化生身，藉此煉形
完成生命轉化。

二、叩齒

　　叩齒即上下牙齒叩擊，本爲健齒的方術，不見於先秦，但盛行於六朝，
如《顏氏家訓・養生》，顏之推談到自身經驗：「吾嘗患齒，搖動欲落，飲食
熱冷，皆苦疼痛。見《抱朴子》牢齒之法，早朝叩齒三百下爲良；行之數日，
即便平愈，今恆持之。」〔註21〕早晨叩齒之方，《抱朴子》、《養性延命錄》乃
至《諸病源候論》都有記載：

> 或問堅齒之道。抱朴子曰：「能養以華池，浸以醴液，清晨建齒三百
> 過者，永不搖動。」（《抱朴子・雜應》）
>
> 常每旦啄齒三十六通，能至三百彌佳，令人齒堅不痛。（《養性延命
> 錄・導引按摩篇第五》）
>
> （《養生方》）又云：雞鳴時，叩齒三十六通訖，舐脣漱口，舌聊上
> 齒表，咽之三過。殺蟲，補虛勞，令人強壯。（《諸病源候論・虛勞
> 病諸候上》）〔註22〕

或言三十六下，或言三百下，是叩齒法的兩套分支。三十六是最小完全數「六」
的平方，在巫術中的數字信仰具有特別意義。葛洪與巢元方都認爲，叩齒之

〔註20〕 以上，《太上黃庭內景玉經》，《正統道藏・洞玄部・本文類》冊10，P.110-1、
　　　　111-1。

〔註21〕 （北齊）顏之推撰：王利器集解：《顏氏家訓集解・養生》（上海：上海古籍
　　　　出版社，1982）卷5，P.327。

〔註22〕 分見《抱朴子內篇校釋・雜應》卷15，P.250；《養性延命錄・導引按摩篇第
　　　　五》卷下，《正統道藏・洞神部・方法類》冊31，P.91-1；《諸病源候論校注・
　　　　虛勞病諸候上》卷3，P.90。

外，牙齒的健康還與唾液有關，口中津液充足，牙齒也會受到滋養，所以扣齒常搭配漱嚥。這大約是當時醫、道通行的養生方術。

醫家把牙齒視爲骨骼的延伸，認爲牙齒生長情況、堅固與否和腎有關，因爲腎主骨，《靈樞・五味論》：「齒者，骨之所終也。」〔註23〕另外也與陽明經有關，足陽明胃經經過上齒齦、手陽明大腸經經過下齒齦，牙痛可從此二經下針醫治。《養性延命錄・雜戒忌禳災祈善篇第三》：「髮，血之窮；齒，骨之窮；爪，筋之窮。千過梳髮髮不白，朝夕啄齒齒不齲，爪不數截筋不替。」〔註24〕顯然採自醫家觀點，而且根據器官系統間的連結佐證其養生邏輯。但考諸秦漢醫家，並無記載叩齒以健齒的功法，叩齒法蓋出於古之養生方術。

當然，叩齒亦有近乎巫術的一面，爲道教日常誦經、修行和驅邪等的輔助。《黃庭內景經・至道章》所載頭部八眞，齒神崿峰字羅千爲其中之一，〔註25〕是道教相信牙齒蘊含神秘性質，可惜《黃庭經》並未進一步描述叩齒能發揮何種力量。叩齒可作爲道教修行之輔助，如《眞誥・恊昌期第二》所載〈上清眞人馮延壽口訣〉：

> 凡研味至道及讀誦神經者，十言、二十言中，輒當一二過舐脣咽液；
> 百言、五十言中，輒兩三過叩齒，以會神靈，充和血氣，使靈液凝
> 滿，帝一欣宅，所謂沖氣不勞，啓血不泄也。〔註26〕

配合漱嚥和叩齒一方面似是強化讀誦道經時帶給修道者的裨益，像是增進身神與神靈的連結，所謂「以會神靈」；二方面言「沖氣不勞，啓血不泄」則有安養身體精氣神，令人不會因爲讀誦道經而勞傷。約出於南北朝，摘錄上清眾經相關訣法，匯集編纂以供修行的《上清修身要事經・玉清消魔道士叩齒節度法》則言：

> 凡上清叩齒嚥液之法，皆各有方，先後有次，不得亂雜，使眞靈混
> 錯也。夫叩齒以命神，嚥氣以和眞，納和嚥六液，以運入制神，須
> 鳴鼓而行列矣。凡存修上法，禮祝之時，皆先啄齒，上下相叩，勿
> 左右也，一呼一吸，令得嚥諸氣液耳。此名爲呼神和眞，以求昇仙

〔註23〕《黃帝內經靈樞譯解・五味論》，P.438。
〔註24〕《養性延命錄》卷下，《正統道藏・洞神部・方法類》冊31，P.88-1。
〔註25〕見《太上黃庭內景玉經》，《正統道藏・洞玄部・本文類》冊10，P.108-1。
〔註26〕《眞誥・恊昌期第二》卷10，《正統道藏・太玄部・眞誥》冊35，P.94-1。

　　　　者也。其法叩齒，上下相叩名曰天鼓，左齒相叩名曰天鐘，右齒相

　　　　叩名曰天磬也，制鬼召魔，可叩鐘磬，行道求眞，叩天鼓也。〔註27〕

不論施法抑或修行，凡行道術均需神靈降臨，故發出信號令鬼神知所行止，所謂「鳴鼓而行列」，而叩齒則爲人之頭部唯一能發出聲響之動作。

　　又，六朝道教認爲頭部居有九宮諸神，叩齒左、右、中分別名爲叩天鐘、天磬、天鼓，表示叩齒發聲如同宮室之擊鐘鼓，呼召的也可以是身中諸神。後世亦有類似說法，或以爲召身神安住身中，（唐）王題河編《三洞珠囊・叩齒嚥液品》卷 10：「夫叩齒者，召身內神，令其安之」；或以爲醒腦提神，集中人體神氣，如明代《天皇至道太清玉冊・斡運造化章》卷 3 所言：「凡叩齒者，是集眞而集神。凡人體炁散，心炁耗，眞炁不應，須用集之。所以叩齒者，擊動天門而神炁應。」〔註28〕

　　道術中的叩齒強調閉口緩頰，《雲笈七籤》卷45《祕要訣法修眞旨要》引《九眞高上寶書神明經》言叩齒宜「閉口緩頰，使聲虛而深響也。」〔註29〕增加頭部共鳴，可知叩齒不純粹取其聲響，當與頭部的震動共振也有關係。

　　觀察叩齒此一小術的記載，便可知諸如此類的方術或技法，於道教中不在少數，其功能與原理多介乎巫、醫之間，也許不爲醫家論述所採，卻往往保留在道經之中，於此可見古代方仙道傳承之痕跡。

三、握固

　　握固爲道教修煉和行法的常用手勢，名稱出自《老子・55 章》，言嬰兒「骨弱筋柔而握固」，嬰兒看似柔弱，但雙手有力，自然緊握，表現精氣充全的生命；《諸病源候論・風身體手足不隨候》在養生治病的導引中也運用之：「握固者，以兩手各自以四指把手拇指。」〔註30〕四指包覆大拇指而握拳，即是仿嬰兒雙手緊握貌——既然巫術的邏輯是因果雙向相通，大約希望能藉此復歸如同嬰孩的生命境界。

〔註27〕《正統道藏・正乙部・上清修身要事經》冊 55，P.30-2。類似內容亦見於陶弘景編撰《眞誥・協昌期第二・上清眞人馮延壽口訣》卷 10；南北朝編集之《無上祕要・叩齒品》卷 66。

〔註28〕以上，分見《三洞珠囊》卷 10，《正統道藏・太平部》冊 42，P.726-1；及《天皇至道太清玉冊》卷 3，《正統道藏・續道藏》冊 60，P.408-2。

〔註29〕《雲笈七籤・祕要訣法修眞旨要》卷 45，《正統道藏・太玄部》冊 37，P.589-1。

〔註30〕《諸病源候論校注・風病諸候上》卷 1，P.22。

　　從握固之名和四指緊握拇指的動作想來，其中也有固守封閉的意味。握固可以抵擋邪氣入體、拘制魂魄，這不是單純認爲手掌乃精氣的出入門戶，乃是此一動作明確表現的象徵意涵，一來握緊拳頭帶有威嚇防衛的意義，二來握拳包覆拇指還有將事物封閉其中的意象。如前引《黃庭內景經·脾長章》云「閉塞三關握固停」。所謂三關，〈三關章〉云：

> 三關之中精氣深，…口爲天關精神機，足爲地關生命扉，手爲人關把盛衰。〔註31〕

閉口可守天關，而握固則守住人關。修煉時閉塞三關，可能是爲了防止精氣不洩，《黃庭經》在修行上就主張寶精全生，故存思時以握固爲輔。而可以防止邪氣進入也是另一個修練時採用握固手勢的合理解釋。之所以能防邪氣，上清一派認爲是由於握固還能拘制魂魄逸出人體，陶弘景《養性延命錄·導引按摩篇第五》：

> 按經文：拘魂門、制魄戶，名曰握固，與魂魄安門戶也。此固精明目，留年還白之法，若能終日握之，邪氣百毒不得入。〔註32〕

此處魂魄非醫家所言肝藏魂、肺藏魄之精氣，乃道教信仰中住於身體之魂神、魄鬼等靈體，喜出人體遊蕩，會招致邪魅、誘人做惡，說見第四章第三節。僅握固雙手就能封閉、防衛全身，與緊閉唇口便可防止洩漏精氣一樣，是巫術及宗教儀式中常見的理路，具有重要特徵的片面姿態或動作，即可代表或涵蓋全體。

　　唐代所出《幻眞先生服內元氣訣·進取訣》提出了握固的限制，反向證明握固的功用：

> 每事皆閉目握固，唯臨散氣之時，則展指也。夫握固，所以閉關防而卻精邪。初服氣之人，氣道未通，則不可握固，待至百日或半年，覺氣通暢，掌中汗出，則可握固。〔註33〕

據此，修煉也需散氣，鬆開握固即可散氣。一開始修煉服氣的人，體內精氣

〔註31〕《太上黃庭內景玉經》，《正統道藏·洞玄部·本文類》冊10，P.109-2。《道樞·黃庭篇》卷7歸結出不同的三關：「曰鼻曰目曰心，此身前之三關也；曰尾閭曰肘後曰轆轤，此身後之三關也；曰口曰手曰足，此身外之三關也。」（《正統道藏·太玄部》冊35，P.238-1至238-2）

〔註32〕《養性延命錄·導引按摩篇第五》卷下，《正統道藏·洞神部·方法類》冊31，P.90-2。

〔註33〕《雲笈七籤·諸家氣法·幻眞先生服內元氣訣》卷60，《正統道藏·太玄部》冊37，P.742-2。

不足、通路未通，若一味握固，有礙採納精氣，蓋握固閉關防而卻精邪，則令無氣可入；待掌中汗出，精氣能達於掌中，表示精氣開始充足流通全身，此時才需要握固以衛護自身。由此亦證明，握固的功用並非只用於充養精氣而已，一來是爲了防外在邪氣入體，二來是爲了防所服所養之精氣逸出人體。

以上所述三種功法雖言小術，但於道經儀軌中屢見，且自六朝起已是仙道修煉之入門，像《神仙傳‧王眞》中道士解釋古傳修煉口訣：

> 「此近淺之術也，爲可駐年反白而已耳。」乃語訣云：「『巾金巾』者，恆存肺炁入泥丸中，徐徐以繞身，身常光澤。『嚥玄泉』者，漱其口液而服之，使人不老，行之七日有效。『鳴天鼓』者，朝起常叩齒三十六下，使身神安。又夜恆存赤氣，從天門入周身內外，在腦中變爲火以燔身，身與火同光，如此存之，亦名曰『鍊形』。泥丸，腦也；天門，口也。習閉炁而吞之，名曰『胎息』；習漱舌下泉而嚥之，名曰『胎食』。行之勿休。」〔註34〕

口訣專有名詞看似隱晦，說明出來則簡要可行，「嚥玄泉」即是漱嚥，「鳴天鼓」即是叩齒，另外還有「巾金巾」，指存思肺氣從頭繞身，因爲肺主皮毛，故以肺氣繞身可令身體光澤。道士又言「此近淺之術也，爲可駐年反白而已耳」，以爲並非可以藉此修煉成仙，卻又告誡「行之勿休」，這是因爲如此行之，保養精神直至充滿，如此的身體才算通過條件門檻，可以正式修仙。

然則如何而能修煉成仙？其言「鍊形」庶幾近之。「鍊形」即是轉化身體，想像引天地赤氣化火焚身，有焚燒雜質、淬鍊精華的煉丹象徵；而身與火同光，乃是身體轉化至通同天地精氣。此處所言即是存思法，爲六朝仙道修煉的主流方式。除此之外，尚有服食、服氣、守一等法，將於下文章節一一討論。

第二節　辟穀與服食

飲食乃人之大欲，就維持生命的活動來說，僅次於呼吸。可以少吃，但不能不吃。飲食與身體具有緊密的對應關係，即身體攝取、吸收不同的食物，對身體的狀態及運作便起不同的作用，而人對於自身的改變通常容易察覺與

〔註34〕《神仙傳校釋‧王眞》卷6，P.189-190。

聯想。顯而易見的例子是醫藥與丹藥：自古以來，醫家療養病患的方式主要透過湯劑丸散等醫藥，諸般內外、身心之虛勞病痛皆有藥方可對證下藥。就煉丹術而言，不同的丹藥吞服後有不同的效能，或駐顏、或除三尸、或祛邪、或成仙；隨所煉金丹轉數多寡，身體相應轉化的速率也有差別。此二者都是具有特定目的的飲食。是以，仙道修煉若要轉化身體，最常見的方法就是透過飲食。而飲食作爲修煉的方法乃有兩種進路，一是攝食何者對轉化身體有益，此即「服食」一路；一是不攝食何者對轉化身體有益，此即「辟穀」一路。

一、辟穀

「辟穀」，即是不食人間的五穀食物，又稱「卻穀」、「斷穀」、「休糧」、「絕粒」等。古來對於神仙與辟穀最有名的描述，莫過於《莊子・逍遙遊》：

> 藐姑射之山，有神人居焉，肌膚若冰雪，淖約若處子。不食五穀，
> 吸風飲露。乘雲氣，御飛龍，而遊乎四海之外。〔註35〕

除了連結到修道的方士對於辟穀修煉的實際體驗，這也可能只是一種合理的遐想：一般人爲求果腹而忙於治生、飲食，身體蠢重、不能飛行；相對來說，「神人」既能飛行，逍遙自在，理當不須爲飲食而困擾。既然「神人」只要餐風飲露就好，反過來問，不食五穀能不能修煉成仙呢？《史記・留侯世家》載張良自云：「願棄人間事，欲從赤松子游耳。」乃學辟穀，道引輕身。〔註36〕這是漢初首見施行辟穀以求仙的記載。《抱朴子・雜應》中記錄葛洪親眼見到辟穀有益健康：「余數見斷穀人三年二年者多，皆身輕色好，堪風寒暑濕，大都無肥者耳。雖未見數十歲不食者，然人絕穀不過十許日皆死，而此等已積載而自若，亦何疑於不可大久乎？若令諸絕穀者專羸，極常慮之，恐不可久耳。而問諸爲之者，無不初時少氣力，而後稍丁健，月勝一月，歲勝一歲，正爾，可久無嫌也。」〔註37〕此種論調整個顛覆了世俗對於人須食五穀以活命、以長養氣力的常識，正顯示「辟穀」之法透顯仙道中「反人事之常」的修行方向，《老子想爾注》注「我欲異於人，而貴食母」：

> 仙士與俗人異，不貴榮祿財寶，但貴食母者，身也，於內爲胃，主

〔註35〕《莊子集解・逍遙遊》卷1，P.5。
〔註36〕《新校本史記三家注・留侯世家》卷55，P.2048。
〔註37〕《抱朴子內篇校釋・雜應》卷15，P.244。

> 五藏氣。俗人食穀，穀絕便死；仙士有穀食之，無則食氣；氣歸胃，
> 即腸重囊也。〔註38〕

俗人欲維持生命，不得不食穀，然求仙之人則未必，以其可食氣入胃。此種論調並非全然主張生命可以毋須攝食，雖不食五穀，但以食氣取代了食穀。關於食氣，討論見下節。

　　斷除飲食的思維基礎同於服食，亦即飲食中所含蘊的特性會影響生命的狀態，影響是透過氣之互滲達成，此乃六朝時已普遍的養生思維，如嵇康〈養生論〉：

> 且豆令人重，榆令人瞑，合歡蠲忿，萱草忘憂，愚智所共知也。薰
> 辛害目，豚魚不養，常世所識也。虱處頭而黑，麝食柏而香，頸處
> 險而癭，齒居晉而黃。推此而言，凡所食之氣，蒸性染身，莫不相
> 應。〔註39〕

然則辟穀與服藥煉丹的考量類似，一樣是所服用的東西對身體會產生影響，只是辟穀是要斷除不好的影響，服食是要獲得好的影響。《大戴禮記・易本命》云：

> 食水者善游能寒，食土者無心而不息，食木者多力而拂；食草者善
> 走而愚，食桑者有絲而蛾，食肉者勇敢而捍，食穀者智惠而巧，食
> 氣者神明而壽，不食者不死而神。〔註40〕

類似的段落也載於《淮南子・墜形訓》、《抱朴子・雜應》，可以視為漢晉相傳與方仙道相關的日常信仰。文中列舉飲食之物對生命造成的影響，大體上合理而可以聯想，其中云人類食穀，雖然可獲得智慧但生命卻短暫；相較之下，以氣為食者則精神明朗或明智神妙且長壽。二者對舉，可知《大戴禮記・易本命》所說的「智惠」不同於「神明」。食穀所養的「智惠」顯然用於世間；食氣所養的「神明」或可推測進於天道。至於「不食者不死而神」則更越出飲食影響生命的思維——有所食就表示尚為有形有依之生命，若能不食就應當不是一般的生命狀態，如此考慮，則不食者乃不循尋常生命有生有死的過程，也就容易推想到臻於不死的境界。此一境界為何？神妙難測，凡人不得

〔註38〕　《老子想爾注校箋》，P.28。
〔註39〕　嵇康：〈養生論〉，《全上古三代秦漢三國六朝文・全三國文》卷48，P.1324-1
　　　　　至1324-2。
〔註40〕　高明註譯：《大戴禮記今註今譯・易本命》，P.521。引文所云食土者，指生活
　　　　　在土壤中的生物，古人認為它們沒有心志、沒有呼吸。

而知，故爾曰神。

何以食穀會致短命？在醫家中並無相關論述。但六朝時論述養生頗有提及，嵇康〈答向子期難養生論〉便提到一般人只飲饌五穀，其實是不知道其他更能養生延年的藥物：

> 今若以肴酒爲壽，則未聞高陽有黃髮之叟也；若以充性爲賢，則未聞鼎食有百年之賓也。且冉生嬰疾，顏子短折，穰歲多病，饑年少疾。故狄食米而生癩，瘴得穀而血浮，馬秣粟而足重，鷹食粒而身留。從此言之，鳥獸不足報功於五穀，生民不足受德於田疇也；而人竭力以營之，殺身以爭之。養親獻尊，則唯菊苡粱稻；聘享嘉會，則唯肴饌旨酒。而不知皆淖溺筋腴，易糜速腐。初雖甘香，入身臭處。竭辱精神，染汙六府。鬱穢氣蒸，自生災蠹。饕淫所階，百疾所附。味之者口爽，服之者短祚。〔註41〕

一般飲食與壽命之關聯正是有力之證據，也就是未聞食穀有長壽者，而且食穀之人乃至禽獸，莫不染患疾病。嵇康認爲這是因爲五穀容易腐爛，其腐酵熏蒸之氣能生害蟲，入於腸胃則臭穢精神，染汙六腑。六朝道教亦認爲食五穀不能長生，這是由於人吃了五穀雜糧，腸中積成糞便，穢濁充塞體內的緣故，如《抱朴子‧雜應》引道書所言：

> 欲得長生，腸中當清；欲得不死，腸中無滓。〔註42〕

其說非毫無根據，畢竟食氣不會形成有形的排泄，而漢代張仲景《傷寒雜病論》中記載人患陽明病至嚴重時，腸中形成燥屎，的確會危及生命，須急用承氣湯下之。又，《養性延命錄‧服氣療病篇第四》：「當少飲食，飲食多則氣逆、百脈閉，百脈閉則氣不行，氣不行則生病。」〔註43〕言飲食多容易生病，其中邏輯大約是飲食過多則令身體大耗能量來消化，消化、循環、代謝等系統若無法負擔便容易出問題。古人就此，說爲氣逆（能量運行不順暢）及百脈閉（經脈因氣血雜亂所堵塞）。完全不食五穀爲現代醫學、營養學所不認同；但現代營養學主張少食清淡，以減輕腸胃負擔、避免吸收太多人體所不需要的物質云云，其理由又可與辟穀相通。

〔註41〕嵇康：〈答向子期難養生論〉，《全上古三代秦漢三國六朝文‧全三國文》卷48，P.1326-2 至 1327-1。
〔註42〕《抱朴子內篇校釋‧雜應》卷 15，P.242。
〔註43〕《養性延命錄‧服氣療病篇第四》卷下，《正統道藏‧洞神部‧方法類》冊 31，P.89-1。

六朝仙道經典中，《黃庭內景經・百穀章》對食穀之弊講得最爲明確：

> 百穀之實土地精，五味外美邪魔腥。臭亂神明胎氣零，那從反老得
> 還嬰。三魂忽忽魄糜傾，何不食氣太和精，故能不死入黃寧。〔註44〕

從本節經文看來，言百穀食之致人短命，倒不是因爲吃了百穀後人體會攝進
或形成什麼毒素，而是百穀過於味美，容易讓人耽溺於飲食，心不能清靜神
明、妨礙長養胎氣，故爾無法修道反老。這不禁讓人聯想到《老子・12 章》
的告誡：「五色令人目盲；五音令人耳聾；五味令人口爽；馳騁畋獵，令人心
發狂；難得之貨令人行妨。是以聖人爲腹不爲目，故去彼取此。」〔註45〕此
處食穀對精神狀態產生負面影響，謂之「臭亂神明」，相對於此，《大戴禮記・
易本命》中云食氣乃能「神明」，可說是一脈相通的理路，並且更進一步地直
接認爲食穀毫不可取。

辟穀作爲修煉之法，也不完全只是消極意義。如《黃庭內景經・沐浴章》：
「沐浴盛潔棄肥薰，入室東向誦玉篇，約得萬遍義自鮮，散髮無欲以長存。
五味皆至（一作去）正氣還，夷心寂悶無煩冤。」〔註46〕就本章而言，能長
生主要是誦《黃庭經》的功勞；但是對於保持身心適合的狀態，辟穀不可或
缺，因爲辟穀既久，則可不思五味，也就能逐漸無欲，無欲便無耗精氣，使
精氣回還。

根據以上論述，辟穀與靜心、寡欲頗有關聯，《太上靈寶五符序・靈寶黃
精方》引葛洪語：「諸修長生之道，當先去三蟲，下伏尸，乃可將服食休糧絕
穀耳。」這是因爲：

> 不去三蟲伏尸而絕穀者，多所思念，於身不善，又復喜遇好食，令
> 人意亂不覺，惑而犯之也。若能修無爲，食氣自然，漱醴泉者，上
> 也。人多不能，則可以藥助之，先下伏尸，然後服食則有效。〔註47〕

〔註44〕　《太上黃庭內景玉經》，《正統道藏・洞玄部・本文類》冊 10，P.111-2。
〔註45〕　《老子校釋》，見《老子釋譯》，P.76、45-46。
〔註46〕　《太上黃庭內景玉經》，《正統道藏・洞玄部・本文類》冊 10，P.112-2。「五味
　　　　皆至正氣還」可解爲五臟精氣皆歸於身中。（金）劉處玄所註《黃庭內景玉經
　　　　註・沐浴章》，此句作「五味皆去正氣還」（《正統道藏・洞玄部・玉訣類》冊
　　　　11P.189-2）意爲去除口腹感官之欲，令精氣回還。二解均通。就「棄肥薰」、
　　　　「無欲」、「夷心寂悶無煩冤」等看來，若云「五味皆至」，此「五味」定非一
　　　　般飲食。
〔註47〕　《太上靈寶五符序・靈寶黃精方》卷中，《正統道藏・洞玄部・神符類》冊 10，
　　　　P.745-2。

關於三蟲（三尸）之討論見第四章第三節，在此三尸可以看作反映了凡人思慮混亂及欲求美食之意識狀態。不論是先去三尸、寡欲靜心以便施行辟穀、服食，抑或是如《黃庭內景經》所說辟穀才不致臭亂神明而能夷心無煩，都表示人類生理與心理互相牽連，而飲食不單單只是生理活動，還能影響意識狀態；〔註48〕反之，施行辟穀表面上是關乎生理的修煉，卻同時意味著心理上要脫離凡人各式各樣擾動不休的雜念與欲求。若從逆反一般人的生理欲望以修行的角度來看，辟穀其實就是對治欲望的修煉法。飲食為人之大欲，正因為一般人都貪飲食，貪多貪美，仙道便反過來提倡少食乃至不食。

就常理而言，實難想像人不進食依然可活，然而自漢魏以下，佛教、道教中不乏修行者辟穀乃至斷食之記載，或者人體真的能夠不食人間煙火而活，只是一般人克服不了飢餓覓食的本能習慣而已。人藉飲食以滋養身體、維持生命，不食的話又該如何？如前所說，取而代之的，仙道即提出飲食津液或元氣之想，前引《黃庭外景經・老子章》云「呼吸廬間入丹田，玉池清水灌靈根，審能修之可長存」，後句指漱嚥津液，已見上節討論；前句乃服氣，下節詳析。

二、服食

「辟穀」很容易給人一種錯覺，以為需要斷絕一切正常的飲食。但先秦以至六朝，施行辟穀只是不食人間百穀，卻未必禁止服食本草或丹藥。如《太平經》就有依飲食分出修道者等級的說法：

> 問曰：「上中下得道度世者，何食之乎？」答曰：「上第一者食風氣，第二者食藥味，第三者少食，裁通其腸胃。」又云：「天之遠而無方，不食風氣，安能疾行，周流天之道哉？又當與神吏通功，共為朋，故食風氣也。其次當與地精并力，和五土，高下山川，緣山入水，與地吏相通，共食功，不可食穀，故飲水而行也。次節食為道，未成固象，凡人裁小別耳。故少食以通腸，亦其成道之人。」〔註49〕

少食以裁通腸胃，是古來歸納出的養生道理，《素問・生氣通天論》已經指出

〔註48〕 關於飲食影響意識的論述，於《左傳・昭公九年》已有發端，膳宰屠蒯自飲告罪所說：「味以行氣，氣以實志，志以定言，言以出令。臣實司味，二御失官，而君弗命，臣之罪也。」（《春秋左傳注・昭公九年》，P.1312）
〔註49〕 《太平經合校・壬部》，P.716-717。

飽食大飲的弊端：「因而飽食，筋脈橫解，腸澼爲痔。」〔註50〕飽食讓筋脈鬆弛無力，又令腸便膿血或下痢，對身體並無好處。至少要讓身體健康，修道才有入門的基礎。次等的修道者則食藥味，《太平經》運用了巫術觸染律的思維，亦即吃什麼東西就感染何種特質，因此若欲入山求道、遨遊天下，則不應食穀，而是要服用山林中所產的藥味，以期獲得地之精力，與大地相通。當然第一等的修道者不只遨遊天下，尚欲自由往來天際、與神吏爲朋，因此食天上的風氣方能轉化身體而輕疾飛行。

　　葛洪認爲，如果不是出於不得已，也斷不了口腹之欲，最好還是「無致自苦，不如莫斷穀而節量飢飽」〔註51〕，認爲過於壓抑食欲，亦非長生久視之道。實際上檢視辟穀的記載，辟穀的狀態往往也是透過其他間接方法逐漸達成的。從舊題劉向所撰的《列仙傳》看來，服食藥物後自然達成辟穀的例子不在少數：

> 赤將子輿者，黃帝時人。不食五穀，而噉百草花。
>
> 修羊公者，魏人也。在華陰山上石室中，有懸石榻，臥其上，石盡穿陷，略不食，時取黃精食之。
>
> 赤須子者，…好食松實、天門冬、石脂，齒落更生，髮墮再出，服霞絕（穀）。
>
> 山圖者，…少好乘馬，馬踢之折腳，山中道人教令服地黃當歸羌活獨活苦參散，服之一歲，而不嗜食，病癒身輕，追道士問之，自言：「五嶽使，之名山採藥，能隨客，使汝不死。」
>
> 毛女者，字玉姜，在華陰山中，獵師世世見之。形體生毛，自言秦始皇宮人也，秦壞，流亡入山避難，遇道士谷春，教食松葉，遂不饑寒，身輕如飛，百七十餘年。
>
> 商丘子胥者，…年七十，不娶婦，而不老，邑人多奇之，從受道，問其要，言但食朮、菖蒲根、飲水，不饑不老。〔註52〕

他們所服食的多半不是一般人日常的飲食，而是具有藥用的本草。服用藥物，一者替代世間五穀飲食，二者藉藥效調養變化體質。服用後不饑不老，是服

〔註50〕《黃帝內經素問譯解·生氣通天論》，P.29-30。

〔註51〕《抱朴子內篇校釋·雜應》，P.242。

〔註52〕以上，王叔岷撰：《列仙傳校箋》（北京：中華書局，2007），P.7、90、101、127、132、140。

食之效果，其中必然是生命活動的運作上有了改變，有時候爲更加凸顯服食對身體之轉化，外在樣貌也會描述「齒落更生，髮墮再出」或「形體生毛」等變化。《列仙傳》中大部分的仙人都是透過服食而成仙，可以說服食之法乃是漢代修仙的主流。

　　服食由來已久，與醫家關係密切，蓋食補同源，醫家對於服食之藥物頗有研究、體會。就醫家的觀察研究，也認爲某些藥物正可作爲辟穀的輔助，如前引《神農本草經·上經》說久服「玉泉」則「耐寒暑，不饑渴」。帛書《卻穀食氣》出土自馬王堆三號漢墓，乃戰國末年秦人寫本，可視爲戰國時期醫家的方士對辟穀之見解，同樣主張不食五穀，另外還借助服食爲輔，唯採用的藥物不盡相同：

> 卻穀者食石韋，朔日食質，日加一節，旬五而止；旬六始匡，日去
> 一節，至晦而復質，與月進退。爲首重、足輕、體疹，則呴吹之，
> 視利止。〔註53〕

依照馬繼興的考釋，服食程序從初一開始只吃石韋，上半月每日食量遞增一節，十六日開始的下半月則遞減；若有頭重、足輕、發疹子等症狀，就用「呴吹」的方式調息來自我治療，直到痊癒爲止。「呴吹」討論詳見下文服氣。辟穀會引發身體的症狀，或許因飢餓或服食石韋所引起，但也不排除可能是身體排除病邪、轉化體質的瞑眩反應。再者，服用石韋的量與月亮盈虧相應，是辟穀服食還講究與時序的配合。這裡選擇月亮而非太陽，除了以月份爲週期是比較恰當的調整；再者，根據《素問·八正神明論》，顯示人之氣血虛實正與月之盈虧相應，說見第二章第三節天人論；若聯想得更遠一些，參考神話學中月亮的象徵意義，服食配合月相說不定還隱含月亮的盈虧循環代表生命的重生不息之意涵。

　　六朝處於仙道之外丹與內丹理論的過渡期，煉丹術和其他仙道修煉方法往往並存，服食丹藥在六朝仍是一種常見的修煉法。魏晉名士常服的五石散即是一例。五石散又名寒石散，據言由鐘乳、紫石英、白石英、硫磺、赤石脂五味石藥合成散劑，藥性偏熱，服後身體發燥，需要活動身體、行走，配合冷飲食、飲溫酒來調和藥性：

> 服藥之後，宜煩勞。若羸著床不能行者，扶起行之。常當寒衣、寒

〔註53〕時代考證參《馬王堆古醫書考釋·馬王堆漢墓醫書的時代考證》，P.8。引文見
　　　　《馬王堆古醫書考釋·《卻穀食氣》考釋》，P.822。

> 飲、寒食、寒臥，極寒益善。若藥未散者，不可浴，浴之則矜寒，
> 使藥噤不發，令人戰掉，當更溫酒飲食，起跳踊，舂磨出力，令溫
> 乃浴，解則止，勿過多也。又當數令食，無晝夜也。一日可六七食，
> 若失食，飢亦令人寒，但食則溫矣。〔註54〕

《世說新語·言語》載何晏云：「服五石散，非惟治病，亦覺神明開朗。」〔註55〕則名士服五石散不只是治生理疾患，亦有裨益精神的目的。

六朝多流傳服丹藥而成仙之故事，《神仙傳》洵為箇中代表，〈劉根〉中仙人述成仙之法：

> 亦有知夫仙道有昇天蹻雲者，有遊行五嶽者，有食穀不死者，有尸
> 解而仙者，要在於服藥。服藥有上下，故仙有數品也。不知房中之
> 事，行氣導引而不得神藥，亦不能仙也。藥之上者，唯有九轉還丹，
> 及太乙金液，服之皆立便登天，不積日月矣。其次雲母、雄黃之屬，
> 能使人乘雲駕龍，亦可使役鬼神，變化長生者。草木之藥，唯能治
> 病補虛，駐年返白，斷穀益氣，不能使人不死也，高可數百年，下
> 纔全其所稟而已，不足久賴矣。〔註56〕

言成仙的修煉法雖有房中術、行氣導引等，但決定仙道品第的關鍵仍取決於所服丹藥，相信丹藥轉化身體的效用影響最大，其餘修煉法皆次之。藥物分為三等，草木之藥不能使人不死；雲母、雄黃等石藥能令人通神、長生，但仍非究竟；九轉還丹與太乙金液乃為上等，服之立刻登天。於此可見煉丹術欲凌駕醫家藥學之上的意圖，而藥材等級高下的邏輯仍是揣想其本性堅固耐久與否，討論已見第三章第一節談金丹原理。

六朝以降，辟穀服食的方法，逐漸增多，六朝道經甚至參考醫家方劑學，研擬出複合的辟穀藥方。道經記載的各種辟穀藥方不下百種，〔註57〕例如約出於南北朝的《上清祕道九精回曜合神上眞玉經》即附〈青童君辟穀方〉：「雞頭一石，澡去殼，以青木香根五兩，煎清泉一石，漬之三伏時，入茯苓粉三斤，辰砂粉十兩，拌勻，木甑蒸一伏時，晒乾，貯之青囊以收。每用食，即

〔註54〕 《諸病源候論校注·解散病諸候》卷6，181。五味藥材可參同書 P.168-170。
〔註55〕 （南朝宋）劉義慶著；（南朝梁）劉孝標注；余嘉錫箋疏：《世說新語箋疏·言語》（上海：上海古籍出版社，1996），P.74。
〔註56〕 《神仙傳校釋·劉根》卷8，P.300。
〔註57〕 如《太上靈寶五符序》卷中就記載七道辟穀方之多。詳參蕭登福著：《六朝道教上清派研究·周秦至六朝道教及上清派之辟穀食氣說》，P.498-500。

以蜜水凝漬之，炊如飲。日三服，則不飢矣。此方雖無所持行，餌之亦能卻老長生。」〔註58〕《上清祕道九精回曜合神上真玉經》主要是行存思修煉，但其中卻收錄了〈青童君辟穀方〉，這意味著六朝仙道後期雖然內修盛行，仍舊兼納辟穀與服食之法，吸收醫家本草、方劑之學理，作為內修之輔助，一來因修煉存思和煉丹術的實踐方式不同，毋須顧慮操作形式與辟穀服食、醫家湯藥等重疊混淆，二來也顯示本文第二章序言所說修道者駕馭他術，通過眾術實行來成就自身目的的心態。

　　雖然六朝仙道中煉丹一派認為上等仙藥理當徹底轉化身體，使人立刻登天，不過也會出現檢討服食成仙的聲音。有趣的是，這些檢討批判都非否定仙藥的存在，而是質疑服食仙藥的效果。約撰作於魏晉的《漢武故事》雖是雜史，其中卻偶然呈現對於丹藥成仙的反思。《漢武故事》記西王母降見漢武帝：

> 上迎拜，延母坐，請不死之藥。母曰：「太上之藥，有中華紫蜜、雲山朱蜜、玉液金漿，其次藥有五雲之漿、風實雲子、玄霜絳雪。上握蘭園之金精，下摘圓丘之紫柰。帝滯情不遣，慾心尚多，不死之藥，未可致也。」〔註59〕

王母雖言品類眾多之仙藥，但無一可用於漢武帝，因為武帝「滯情不遣，慾心尚多」。這或許是說漢武帝的心靈品格尚未達到仙人應有的高度，故爾沒有資格服用仙藥。若就仙道修煉理論來考量，心靈品格的要求不宜看作服食法中額外附加的道德規範或戒律，而是強調人之心理層面對身體的影響更為基礎、更該優先考量。因此情志上若不能排除情欲、虛靜恬淡，則服用仙藥亦無法產生應有的成仙之效。從本文之前討論工夫論、身體觀的章節可知，未能排遣情欲會導致精神外馳而損耗，而且身體的精氣須先盈滿方可轉化提昇體質。《漢武故事》中王母之言較偏向承繼秦漢以來養生家、工夫論觀點的內在修煉一路，隱隱對煉丹術提出了針砭。另外，南齊道士顧歡〈答袁粲駁夷夏論〉則云：

> 神仙有死，權便之說。神仙是大化之總稱，非窮妙之至名。至名無名，其有名者，二十七品。仙變成真，真變成神，或謂之聖，各有九品。品極則入空寂，無為無名。若服食茹芝，延壽萬億，壽盡則

〔註58〕《上清祕道九精回曜合神上真玉經》，《正統道藏・太玄部》冊34，P.72-1。
〔註59〕《古小說鉤沈・漢武故事》，P.350。

死，藥極則枯，此修考之士，非神仙之流也。〔註60〕

將服食丹藥之術排斥在仙道之外，認為仙道是靠自身之力達到不死，而且可以一再提昇超越。這是將一般神仙概念中的兩種性質——長生與成仙——切割開來看。顧歡認為服食仙藥雖可延長生命直到億萬年，畢竟不是真正地轉化身體，所以不脫有形有限，無法免於死亡。顧歡對神仙之定義抬高到等同於大化之「道」的層次，得道成仙最終正是與道合一，因此超脫形而下的存在範疇，所謂「無為無名」，此說可能依據道家，如《莊子·逍遙遊》：「至人無己，神人無功，聖人無名。」〔註61〕或與佛教無餘涅槃說相關涉；〔註62〕並開唐宋內丹學修仙宗旨轉向之先河，即身體化為無形和追求精神境界，「煉神還虛，煉虛合道」之謂也。雖然論神仙無為無名，哲理較六朝仙道的主流理論深刻，但離慣常的生命觀、身體觀思惟亦遠矣！

服食法是生物進食本能，人類日常飲食，乃至醫家用藥療疾、補益的方術化，不僅要存活、救治、滋養身體，還提高到修行的層次，希望藉服食改變體質，臻於長生不死。服食法與工藝冶煉的技藝相結合，就構成了煉丹術。服食與辟穀相配合，一方面符合「反者道之動」的反世俗常情，一方面又是仙道盜奪原理最直接的實踐方式。《養性延命錄·教誡篇第一》：

> 《神農經》曰：「食穀者智慧聰明，食石者肥澤不老，食芝者延年不死，食元氣者地不能埋、天不能殺。」是故食藥者，與天相異（應作畢），日月並列。〔註63〕

此處藉所引《神農經》說明不同飲食於人體中互滲的神祕性質，便造成生命狀態的差異，是以各種服食各具特殊效驗，皆說為藥。仙道行服食之法最終的目的自是要「與天相畢」，因此從服食法分化出服氣法，直接透過氣之互滲，使身體與天地元氣相通，此所以「地不能埋、天不能殺」，如此才稱得上最高層級的服食。相較於《大戴禮記·易本命》的「食氣者神明而壽，不食者不死而神」，似乎陶弘景放大了服氣的功效。然而，若考慮到在六朝仙道的觀念

〔註60〕　《全上古三代秦漢三國六朝文·全齊文》卷22，P.2915-1。
〔註61〕　《莊子集解·逍遙遊》卷1，P.4。
〔註62〕　例如《大智度論》卷90：「以是智慧斷一切結使煩惱，入無餘涅槃，是世俗法，非第一實義。何以故？空中無有滅，亦無使滅者，諸法畢竟空，即是涅槃。」（《大正新脩大藏經》冊25，No.1509，P.693上）則無餘涅槃乃是不入相對概念、超越一切指涉的解脫。
〔註63〕　《養性延命錄·教誡篇第一》卷上，《正統道藏·洞神部·方法類》冊31，P.79-2。

中，道並非抽象、遙不可及的形上之理，而是道與氣互通，氣即是實實在在可掌握的道之呈現，那麼仙道以爲食元氣者與道同化，壽蔽天地，也就不算於理無據了。

第三節　服氣

　　人的生命既然來源於天地，存活於天地，與天地相連相關，則人的生命運動變化節律和外在客觀自然陰陽變化規律當具有一致性和關聯性，這就是四時攝養的根據。上文所引《老子想爾注》「仙士有穀食之，無則食氣」，認爲辟不辟穀並非修煉成仙的必要階段。畢竟「不食者不死而神」乃是最後的境界，而非起初修仙就可以企及的。《抱朴子·雜應》則說：「斷穀，人止可息肴糧之費，不能獨令人長生也。」〔註64〕認爲只進行「辟穀」不足以修煉成仙。如從《史記·留侯世家》、《黃庭內景經·百穀章》來看，辟穀的確只是修行方法之一，尙須搭配導引或服氣等方術，諸方術各有其用處，非單取其一便可成事。從西漢乃至六朝，辟穀多半和服氣並行。《黃庭外景經·中有章》謂：「僊人道士非有異，積精所致爲專年。人皆食穀與五味，獨食太和陰陽氣，故能不死天相既。」〔註65〕二者目的不同，辟穀在於擺脫凡人必死之性質；服氣則長養仙人長生之性質。

　　《莊子·逍遙遊》中的姑射山神人不食五穀，吸風飲露，仙道修行者或許會詮釋爲藉著攝食精氣而可維持生命。「氣」作爲生死的決定因素的觀念，在中國起源甚早。第二章談氣化論時，引用《莊子·知北遊》即提出：「人之生，氣之聚也；聚則爲生，散則爲死。」類似的表述見於《管子·樞言》：「有氣則生，無氣則死，生者以其氣。」王充《論衡·論死》解釋氣與生命的關係：「氣之生人，猶水之爲冰也。水凝爲冰，氣凝爲人。」又進一步解釋說：「人生於天地之間，其猶冰也。陰陽之氣，凝而爲人，年終壽盡，死還爲氣。」〔註66〕皆認爲氣的凝聚與否就表現爲生命的生死與否。生死既被化約爲氣的聚散，有氣則有生，人們很自然會想到能夠透過獲取精氣來使自己的身體保持健康長壽，甚至修煉成仙。《淮南子·泰族訓》記王喬、赤松子之成仙，傳說就是靠著服氣成就的：

〔註64〕《抱朴子內篇校釋·雜應》卷15，P.242。
〔註65〕《太上黃庭外景玉經》，《正統道藏·洞玄部·本文類》冊10，P.115-2。
〔註66〕《論衡校釋·論死》卷20，P.873、877。

> 王喬、赤松去塵埃之間，離群慝之紛；吸陰陽之和，食天地之精，
>
> 呼而出故，吸而入新，跷虛輕舉，乘雲游霧，可謂養性矣。〔註67〕

以是之故，「服氣」或「吐故納新」在漢代已被廣泛相信能夠產生益壽的效果。
所謂「吸陰陽之和、食天地之精」，即是神仙家服食自然之精氣，積存以爲己
用；而「呼而出故，吸而入新」則不只是納入新氣，還要將體內舊氣吐出，
重點不在積存，而在精氣有出有入之交換更新。這恰是兩種不同的服氣進路，
看來相似，邏輯實有差異。以下將分別論述。

一、服食精氣

　　以醫家與道教的觀點來看，人之生命活動莫不依賴精氣，除生來稟賦之
精氣，亦可於後天補養。前文所引《素問‧六節藏象論》：「天食人以五氣，
地食人以五味。五氣入鼻，藏於心肺，…五味入口，藏於腸胃。味有所藏，
以養五氣，氣和而生，津液相成，神乃自生。」謂供應人維持生命活動的來
源有兩大途徑，除了用口所攝取的飲食，還包括用鼻所攝進的清氣。飲食入
腸胃運化，所成的水穀之精依五味而輸布五臟；同樣的，清氣入心肺運化，
也依五行之氣而輸布五臟。依據上節所討論，日常飲食對身體朝向成仙的轉
化無益，則身體之攝養顯然更要另覓他方，《養性延命錄‧雜誡忌禳害祈善篇
第三》便云：

> 俗人但知貪於五味，不知元氣可飲。聖人知五味之生病，故不貪；
>
> 知元氣可服，故閉口不言，精氣自應也。唾不嚥則海不潤，海不潤
>
> 則津液乏。是知服元氣、飲醴泉，乃延年之本也。〔註68〕

飲食五味令人生病，是以不必貪食，此說近於辟穀；辟穀之外，身體仍要攝
養，則倚賴服元氣、飲醴泉，照龔鵬程的說法，即取代一般飲食的「虛化」
飲食法。〔註69〕氣爲何可以取代一般食物？氣作爲道的表現，既是萬物的構
成基礎，又是生命的根源，萬物都稟一元之氣而生存長養。服氣來取用天地
精氣，當是古來即有的長生方術。于春松以爲：

> 服氣法是一種很早就出現的功法，可以相信是從求仙藥的服餌法轉

〔註67〕《淮南鴻烈集解‧泰族訓》卷20，P.676。

〔註68〕《養性延命錄‧雜誡忌禳害祈善篇第三》卷上，《正統道藏‧洞神部‧方法類》
　　　　册31，P.86-2。

〔註69〕《道教新論（二集）‧《黃庭經》論》，P.115。

化而來的。…先秦食氣法的關鍵就在於用天地之精氣取代身上的汙

穢。〔註70〕

如果水穀之精氣可以補養身體、維持生命活動，本草藥物可以使人身輕體健，那麼溯源去攝取本草藥物所恃以生存，尚未分化、更爲貼近形上的元氣，豈不更爲精華？此即從服餌轉化而來的食氣邏輯。

　　服氣的目的在於以精氣替換出身體中的粗穢之氣，讓人身朝向仙人來轉化。這種想法已見於《楚辭‧遠遊》：

　　　　餐六氣而飲沆瀣兮，漱正陽而含朝霞。保神明之清澄兮，精氣入而

　　　　麤穢除。〔註71〕

〈遠遊〉雖是文學作品，其中觀念仍反映了戰國楚地的方仙道信仰。所謂「精氣入而麤穢除」就明白點出服氣的用處，也呼應本文第三章第一節引用《周易參同契‧聖賢伏煉章》云「精溢腠理，筋骨緻堅，眾邪辟除，正氣常存，積累長久，變形而仙」，此番充盈精氣以排除邪穢、轉化身體的看法。上一節引《太平經》：「天之遠而無方，不食風氣，安能疾行，周流天之道哉？又當與神吏通功，共爲朋，故食風氣也。」思維雖然簡單，仍可作爲服氣信仰的一種解釋，而這個解釋就隱含服氣將人身之重濁替換以清氣的可能。至唐時《延陵先生集新舊服氣經‧延陵君修養大略》還提出服氣對身體的詳細轉變進程：

　　　　歧伯高曰：食氣者，則靈而壽延，食穀者，多智而限命。凡服氣者，

　　　　何求也？以其功至則氣化爲血，血化爲精，精化爲髓；一年易氣，

　　　　二年易血，三年易脈，四年易肉，五年易髓，六年易筋，七年易骨，

　　　　八年易髮，九年易形，即三萬六千神在於身，化爲眞仙，號爲眞人

　　　　矣。〔註72〕

是否眞的氣化爲血、血化爲精、精化爲髓，或如《老子中經》謂集萬八千神降於身體成三萬六千神共舉身飛昇，姑置不論。重點在於道教以爲所服之氣乃在身體中不斷凝聚，如同稟氣懷胎時精氣之凝結；而身體轉化的過程則是從無形而流動者開始轉變，因其最具可變性，然後逐漸轉變到固態、堅實、

〔註70〕 于春松：《神仙傳‧第五章》，P.99-101。

〔註71〕 以上，《楚辭補注‧遠遊》卷5，P.166-167。

〔註72〕 《雲笈七籤‧諸家氣法‧延陵先生集新舊服氣經》卷59，《正統道藏‧太玄部》
　　　　冊37，P.724-1。

外部的部分。疑爲唐、五代間方士託名所著的《關尹子‧四符》云：「吸氣以養精，如金生水；吸風以養神，如木生火，所以假外以延精神。」〔註73〕可以代表後世仙道學者歸納服氣功用的看法。「假外以延精神」，點出食氣方術含有盜取天地以養自身之思維。

　　其次，相對於《黃庭內景經‧百穀章》告誡的食穀「臭亂神明」，〈遠遊〉肯定食氣令「神明清澄」，同於《大戴禮記‧易本命》的「食氣者神明而壽」。「神明清澄」若指的是對於求仙修道有益的精神狀態，乃至清明的靈智觀照，一來可以幫助求道者擺脫人世間的慾望；二來裨益於仙道理論的透徹理解與專一實踐；三來意識復返先天，乃能天人感通。

　　如何更有效率地採納精氣而不失，積存凝聚、轉化身體，供修煉成仙之用？須注意服氣的時候，甚至要求服氣的方向，這是先秦以來服氣方術的共同特點。因爲天地之氣的運行是不斷變化且具規律的，欲採食天地之氣與人體相應，當然要符合氣的規律，亦算是合道的實踐。馬王堆漢墓醫書《卻穀食氣》載戰國時醫家之食氣法，已經甚爲注意服氣的季節、時間與天候。所服的六氣與其說是六種不同的氣，不如說是六種不同天候時所散布的氣：

　　　　春食：一去濁陽，和以匡光、朝霞，昏清可。夏食：一去湯風，和以朝霞、沆瀣，昏清可。秋食：一去□□（清風）、霜霧，和以輸陽、匡光，昏清可。冬食：一去凌陰，和以正陽、匡光、輸陽、輸陰，昏清可。〔註74〕

依馬繼興考釋，一年四季之服養分別利用出現六氣的適宜環境、時間來進行，並且標舉禁止食氣的有害時候。《卻穀食氣》顯然未依循五行學說，不將四季服氣對應固定的時序方位，而是靈活調整。首先，禁止食氣的時候都是天候

〔註73〕舊題尹喜撰：《關尹子‧四符》（台北：臺灣商務印書館，1973），P.33。

〔註74〕馬繼興：《馬王堆古醫書考釋‧《卻穀食氣》考釋》，P.831-832。馬繼興的解釋如下：

春天選用朝霞（平旦太陽尚未升起，天空已有光彩）或匡光（太陽被雲層掩蔽）之時，禁止在濁陰（天候混濁、暗無陽光）之時食氣。

夏天選用朝霞（平旦太陽尚未升起，天空已有光彩）或沆瀣（夏夜有涼風）之時，禁止在湯風（酷暑熱風中人）之時食氣。

秋天選用輸陽（太陽剛從地平線升起）或匡光（太陽被雲層掩蔽）之時，禁止在清風（冷風吹拂令人瑟縮頭頸）或霜霧（天有霜霧）之時食氣。

冬天選用正陽（中午太陽在頭頂）或匡光（太陽被雲層掩蔽）、輸陽（太陽剛從地平線升起）、輸陰（太陽剛從地平線沉沒）之時，禁止在凌陰（嚴寒森冷的夜間）之時食氣。

不佳、足以害人生病的氣候，如濁陰的空氣不好，湯風過於酷熱，清風則冷風襲人，霜霧過於濕冷，凌陰過於嚴寒，純從自然狀況與生理著眼。再者，春、秋、冬都可於匡光時食氣，唯獨夏天不特別標記匡光，蓋前三個季節的匡光時都算宜人、適合服氣，而夏天即使是匡光之時，也仍嫌過於悶熱，故夏天可在沆瀣時再來服氣；相較於夏天利用沆瀣時夜晚涼爽來服氣，冬天則趁著正陽時日光溫暖或輸陰、輸陽時氣溫尚可的情況下服氣。然則最具規律的，是春夏選在朝霞時服氣，秋冬選擇輸陽時服氣，便知道《卻穀食氣》除了配合四季時陰陽的興衰，也注意到季節天氣的變化與人的作息：春夏時人可早起，晨間不會太冷，故於太陽未升起時進行；秋冬時人會稍遲起床，晨間猶寒，則等待太陽升起時再來進行。

同樣是餐六氣，《楚辭·遠遊》所謂「餐六氣而飲沆瀣兮，漱正陽而含朝霞」與《卻穀食氣》有何不同？屈原所述的「餐六氣」詳情不得而知，王逸注引《陵陽子明經》：

> 春食朝霞。朝霞者，日始欲出赤黃氣也。秋食淪陰。淪陰者，日沒以後赤黃氣也。冬飲沆瀣。沆瀣者，北方夜半氣也。夏食正陽。正陽者，南方日中氣也。并天地玄黃之氣，是爲六氣也。〔註75〕

王逸所引《陵陽子明經》可視爲東漢已有的神仙家之食氣方術。所述的「餐六氣」是在特定的時刻，對著特定的方向吐故納新，以攝入天地的精氣。《陵陽子明經》的六氣中除了天玄、地黃之氣，其他的四氣分依相應的季節時間而服食：春天乃一年之始，相比於一天則如早晨，故春日於日出時朝東食氣；同理，夏天乃一年之盛時，如一天中日在中天，故夏日於正午時朝南食氣；秋日乃一年將暮，如日已西沉，故秋日於日沒後朝西食氣；冬日爲一年之末，如一天中的夜晚，故冬日於夜半時朝北食氣。從六氣之名稱，可以看出與《卻穀食氣》有相近的淵源，但《陵陽子明經》不考慮氣候變化與生活作息，直接將季節與時辰配置固定，此即以一日之變化比附一年之變化，又以太陽移動的方位與時辰對應，蓋認爲於相應的時間及方位，該種氣最爲旺盛或純淨。此頗有巫術的原則，即是讓人身中所納入的精氣嵌合天地太陽之運行，層層宇宙套入身體，搭配精準。傳統上道教最重視的修行時間爲子、卯、午、酉四個時辰，正是半夜、早晨、日中、傍晚之時，則餐六氣似爲道教主張在特定時辰修行的源頭。這說明方士相信在一年四季中節氣的遞嬗，以及在一晝

〔註75〕 以上，《楚辭補注》卷5，P.166-167。

夜間時辰的移轉等因素都能直接對應且影響於人體的生理機能。不過，這樣的配置在概念上完美則完美矣，卻疏忽了實際的天候變化而顯得僵固。

醫家的服氣法不相應五行，巫術意味較少。隨著道教的發展，道教中的服氣法則是愈趨巫術化，體現在越來越注重理論上的象數符號配置，而將操作時的實際情況略而不論；以及操作上傾向繁複的儀式，最後與存思方術結合在一起。以《抱朴子·雜應》中提到的「餐六氣」爲例，不僅需配合季節與方向，更引入五行、五星、五臟，結合成緊密的天人相應系統：

> 或春向東食歲星青氣，使入肝；夏服熒惑赤氣，使入心；四季之月
> 食鎮星黃氣，使入脾；秋食太白白氣，使入肺；冬服辰星黑氣，使
> 入腎。〔註76〕

五臟對應五行一如前章所述，而所食之氣則標舉出來自特定星辰，此與葛洪主張的人稟星氣而定其個性宿命之說，出於同一基礎，亦即天道的規則可經由觀察天文而得，天地之氣的分布受星辰運轉之影響。由季節、方位、星辰確定了所食之氣的特質，故氣將循規蹈矩入於相應的五臟養其精神。這也是求仙修道者極力模仿天地運行的規則，透過餐六氣將身體套入天道系統的一則明證。

《道藏》中收有《黃帝內經素問遺篇》，約撰於中唐至北宋初。《遺篇》中〈刺法論〉記載淨神嚥氣法：「其刺已畢，又不須夜行及遠行，令七日潔清淨齋戒，所有自來。腎有久病者可以寅時，面向南，淨神不亂思，閉氣不息，七遍，以引頸嚥氣，順之如嚥甚硬物，如此七遍後，餌舌下津，令無數。」〔註77〕這是在針療之後，輔助療效的辦法。此非醫家舊有的類似巫術之祝由科，而是確確實實的服氣法。操作方式雖簡單，仍保留六朝服氣的形式。文字雖是後人僞託，卻可視爲六朝服氣法傳入後世醫家的例子。

道教吸收服氣方術後，至六朝時服氣逐脫離原本的養生功法，變得運作複雜、注重細節，逐漸構成規範嚴謹的宗教儀式。其時可見的服氣法道經爲數不少：

> 先秦的吸食六氣，一直沿襲到六朝；六朝的道經中，論述吸食天地
> 日月精氣等經典，現存者仍多；如《上清黃氣陽精三道順行經》、《上

〔註76〕《抱朴子內篇校釋》卷15，P.243。〈雜應〉尚提到食十二時氣、食六戊之精，是食氣方術與納甲之學結合，本論文暫不討論。

〔註77〕《黃帝內經素問遺篇·刺法論上》卷2，《正統道藏·太玄部》冊36，P.373-1。

清瓊宮靈飛六甲左右上符》、《太上玉晨鬱儀結璘奔日月圖》、《洞眞太上八素眞經服食日月皇華訣》等等皆是。但到了六朝時，食氣之法逐漸增多，且受《五符經》及《黃庭經》的影響漸深，有的較重視存思（觀想），有的配合符籙科儀進行，而有許多家的做法，則已不再和六氣說相配，和先秦的食氣說差別漸大；六朝至唐間，在食氣方面，逐漸採行《太上靈寶五符序·卷下》、《黃庭經內景玉經·常念章》的五芽食氣法。〔註78〕

以下擇要探討服氣法中潛藏的仙道信仰觀念。首先，關於服日月。舉《黃庭內景經·上有章》云「出日入月呼吸存，元炁所合列宿分」〔註79〕，元炁乃天地初始之氣，列宿指的是星宿，分合、出入當爲互文。早在馬王堆古醫書《十問·十問》中就已經記載「必朝日月而翕其精光」〔註80〕，可見服日月精氣法由來甚久，當時顯然是實際面對日月來服氣。如此解釋的話，〈上有章〉所謂「出日入月」當是一種吐納呼吸。由於《黃庭經》主張以存思作爲修煉，可以解釋爲呼吸時要存思自身吞吐天地、日月星辰的靈氣，以達到採納天地精氣、以外合內的效果。

若說日月非實指，則有可能代稱身中精氣，如第四章所見《老子中經·第五十一神仙》：「心爲虛，腎爲元。虛氣以清上爲天，元氣以寧下爲地，入於太淵。故虛氣生爲呼，元氣生爲噏。心爲日，腎爲月，脾爲斗。心氣下，腎氣上，合即爲一，布行四肢，不休息。」日月上下指呼吸時心腎之間的精氣交流。《老子中經》雖有存思的意味，但尚未詳舉步驟。東晉時魏華存所傳《上清大洞眞經·誦經玉訣》則把出日入月與存思之法完全結合：

想左目出日，右目出月，並徑九寸，布兩耳之上，名曰六合高臒。想定，微咒曰：…畢，口吸日月一息炁，分三九咽，結作二十七帝君，並紫衣冠。內九帝下入絳宮，穿尾閭穴，上入泥丸；又九帝亦下穿絳宮，入下關之境；又九帝入中關之境。令日光使照一身，內徹泥丸，下照五藏腸胃之中，皆覺洞照於內外，令一身與日月之光共合良久。〔註81〕

〔註78〕 蕭登福：〈藏經及敦煌寫卷所見受道教避穀食氣思想影響的佛典〉，《新世紀敦煌學論集》（成都：巴蜀書社，2003），P.684-703。

〔註79〕 《太上黃庭內景玉經》，《正統道藏·洞玄部·本文類》冊10，P.107-1。

〔註80〕 《馬王堆古醫書考釋·《十問》考釋》，P.950。

〔註81〕 《上清大洞眞經·誦經玉訣》卷1，《正統道藏·洞眞部·本文類》冊1，P.795-2。

操作上須存思日月之氣入於身中，一道呼吸化爲一位帝君，分住於身體上中下，使身中均是日光照徹洞明。從絳宮（心）走尾閭穴至泥丸，將心、丹田、泥丸貫串起來，這個循行路線不是走後世內丹學小周天功法之下任脈、昇督脈，較可能是存思精氣上下來回行於身體中軸。存思路線中所謂的下關、中關，從上文下意來看，日月之氣先循行而入泥丸，次循行而入下關，末不言循行而直言入中關，可知曉上關即泥丸、中關即絳宮、下關即下丹田，所謂三丹田是也；非指小周天功法中體內眞氣沿督脈由下上行時三處較難通過的尾閭、夾脊、玉枕等穴位。

還有一種服氣是服食五牙。牙通芽，五牙指五方天生成的初始精氣，仙道擇精氣之初始而採當然也是復歸於初的用意。約出於東漢之《太上靈寶五符序》，係古《靈寶經》之一，其〈仙人挹服五方諸天氣經〉以類於賦體之韻文形容五方五牙之型態，茲舉東方青牙爲例：

> 東方青牙九氣之天，其氣煙如春草之始萌，其光如暉日之初隆，
> 下有朝華之淵，上有流英之宮，室有青腰玉女，堂有太上眞王。
> 玉女乘九山之歐，眞王駕九光神龍，上導九天之氣，下引九泉之
> 流芳，養二儀以長存，護陰陽以流通，天致元精於太極，地保山
> 嶽於句芒，神運虛于寂臺，人養五藏於脣鋒。所以營漑之者無極，
> 存之者不終。於是迴萬劫而更始，卻衰朽而童蒙。爾乃鵬奏九遐，
> 上登玄洞，仰尋太眞之靈官，與仙僚而爲宗。大哉靈寶青牙，長
> 存由九氣之功。

言東方青牙之外，亦描述東方天上神靈之職掌，其文既是讚頌神靈與東方青牙化育萬物的功德，也可供存思修煉、想像登天之用。〈靈寶五帝官將號〉則描述五方天帝與天干、五色、五行、五星、四季，及萬物之生長化收藏的對應，本文亦舉東方天帝爲例：

> 東方靈威仰，號曰蒼帝，其神甲乙，服色尚青，駕蒼龍，建青旗，
> 氣爲木，星爲歲，從羣神九十萬人，上和春氣，下生萬物。

凡此，皆是爲了建立嚴密的宇宙運作、天人相應體系，以作爲服氣修煉之依據。經中所載服氣法有加入存思者，如〈太清五始法〉：

> 行東方之道，木肝王，心爲上相。常以立春、春分入靖室，各首其
> 外，暝目存其內，思肝氣正青，赤神侍之，黃氣養之。隨身正青，
> 上與天通，太清元氣，下入身中，句芒來至，老君主之。王者行之，

> 則麒麟至，翔鳳發，而萬物華茂，歲星順度，精通太微，南夷服，
> 靈瑞至。〔註82〕

所謂「木肝王，心爲上相」、「思肝氣正青，赤神侍之，黃氣養之」用的是五行休王，因爲春天時木王、火相、土死也。〈九天靈書三天眞寶・皇人太上眞一經諸天名〉所載服五牙作法則是搭配漱嚥及咒語：

> 向旦密咒曰：「東方青芽，服食青芽，飲以朝華。」已咒，舌料上齒
> 之表，舐脣漱口，滿而嚥之三。
>
> 次咒曰：「南方朱丹，服食朱丹，飲以丹池。」已咒，舌料下齒表，
> 舐脣漱口，嚥之三。
>
> 次咒曰：「中央戊己，昂昂泰山，服食精氣，飲以醴泉。」已咒，舌
> 刺舌上玄，脣取玉泉，舐脣嚥之三。
>
> 次咒曰：「西方明石，服食明石，飲以靈液。」已咒，以舌料齒上，
> 舐脣嚥之三，輒一叩齒七下，都畢，又叩五下，合三十六下也。
>
> 次咒曰：「北方玄滋，服食玄滋，飲以玉飴。」已咒，以舌料舌下，
> 舐脣嚥之三。畢，因以鼻內氣極而徐放之，令過五以上，眞道畢矣。
>
> 〔註83〕

《太上靈寶五符序》內容駁雜、儀軌不一，即使單看〈九天靈書三天眞寶・皇人太上眞一經諸天名〉的服五牙法也錯落不齊，像是配中央黃牙之短咒用「戊己」、「泰山」，而非其他短咒使用的帶有五色象徵之丹藥意象；還有，操作主體是漱嚥法的複雜化，卻只單單在服西方白牙時要叩齒等等，皆顯示其服食法非出於一時一人，雖經蒐集而未整理統合。約出於南北朝的《洞眞太上青牙始生經・修行五生寶圖》亦言服食五方生氣法，對照之下則見經過發展、歸納而系統井然：

> 東方青牙，元象蒼天，中爲歲星，流爲木精，下爲太山，鎮人肝府。
> 其炁始生，如春草之初萌，其光啓耀，如暉日之發芒。二人共吞，
> 與神同一。
>
> 南方朱牙，元象丹天，中爲熒惑，流爲火精，下爲衡霍，鎮人心府。
> 其炁始生，始絳雲之包白日，其光肇照，如玄玉之映丹淵。二人共

〔註82〕 以上，《太上靈寶五符序》卷上，《正統道藏・洞玄部・神符類》冊10，P.726-2
至727-1、728-2、729-1。

〔註83〕 《太上靈寶五符序・九天靈書三天眞寶・皇人太上眞一經諸天名》卷下，《正
統道藏・洞玄部・神符類》冊10，P.762-2。

吞，與神同一。

中央黃牙，元象黃天，中爲鎭星，流爲土精，下爲嵩高，鎭人脾府。

其炁如黃羅之裏紅雲，其光如紫煙之籠落日。二人共吞，與神同一。

西方素牙，元象素天，中爲太白，流爲金精，下爲華山，鎭人肺府。

其炁如景雲之絡明月，其光如幽夜之睍明珠。二人共吞，與神同一。

北方玄牙，元象玄天，中爲辰星，流爲水精，下爲恒嶽，鎭人腎府。

其炁如素煙之迴玉樹，其光如流星之赴洪波。二人共吞，與神同一。

〔註84〕

經文言五方之氣在天各布一方，五星爲五方之氣的代表，隨星辰運轉流爲五行之精，從天降地則化爲五嶽，入於人則鎭守身中五臟之神。相同的行文格式，一致的結尾，既似詩賦也宛然咒語，不僅詳述五方之氣生起時的特色，可供修行者存思觀想，更便於背誦以便在服氣時誦念。〔註85〕（唐）司馬承禎《服氣精義論·服眞五牙法》提供了服食五方生氣之後，接下來修練步驟的參考。司馬承禎以爲凡修煉服氣皆先行五牙以通五臟：

凡服五牙之氣者，皆宜思入其藏，使其液宣通，各依所主，既可以周流形體，亦可以攻療疾病。令服青牙者，思氣入肝中，見青氣氤氲，青液融融分明，良久乃見足大敦之氣，循服而至，會於脈中，流散諸脈，上通於目然。〔註86〕

大略可以推想服食五牙後當存思生氣入臟，各依所主，周流全身。由於需存思觀想五方生氣循正確路徑入於五臟，此所以必須理解五方、五行、五色、五臟、五官與人體生理之配應。

　　陶弘景纂集六朝上清派修行經訣而成的《上清握中訣》，卷上有所謂「服日氣法」，雖然比起該訣中其他修行儀式要來得簡單，但要素俱全，可舉此法作爲服氣與存思結合後的法術成熟型態之例：

平旦伺日初出，乃對日叩齒九通，心呼：日魂珠景照韜綠映迴霞赤

〔註84〕《洞眞太上青牙始生經》，《正統道藏·正乙部》冊56，P.557-1至557-2。

〔註85〕《洞眞太上青牙始生經·修行五生寶圖》又云「二人共吞，與神同一」，然則此服氣法術例須二人同修。經文又載男女十二歲以上經過正式傳授而修習，方謂「始生」，過於十五歲才知修習已爲晚，身中之氣已經虧損矣，可以推測此服氣存思法術應含有房中術之成分。參《正統道藏總目提要》1337條，P.1308。

〔註86〕《雲笈七籤·諸家氣法·服氣精義論》卷57，《正統道藏·太玄部》冊37，P.701-2。

童玄炎飆像。仍冥目握固，存日中五色流霞，皆來接身，下至兩足，
上至頭頂。又令光霞中有紫氣如目童，累數十重，與五色俱來入口，
吞之四十五咽氣，又咽液九過，叩齒九通，微祝曰：「赤爐丹氣，圓
天育精，剛以受柔，炎水陰英，日辰元景，號曰大明，九陽齊化，
二煙俱生，凝魂和魄，五氣之精，中生五帝，乘光御形，探飛以虛，
撥根得盈，首巾龍蓋，披朱帶青，鸞烏流玄，霞映上清，賜書玉簡，
金閣刻名，服食朝華，與眞合靈，飛仙太微，上昇紫庭。」再拜。
〔註87〕

相較於《養性延命錄・服氣療病篇》服氣作爲養生方術，此處可看出服氣法
的神秘化。第一、對日叩齒、瞑目握固、呼名，乃至咽氣、咽液、祝誦，整
套操作不太像功法，反而更像宗教儀式；叩齒、吞嚥的數目有所規定，以合
於數所代表的巫術意義（陽數窮於九，五方乘九故嚥四十五口氣）；日魂之名
冗長複雜，似有意義而無法全然解讀，但只要掌握神祕的名稱便可呼召日魂、
連結人與日，以吸收日氣。第二、存思成爲服氣法的主要部分，嚥氣和嚥液
的部分反而是用來搭配存思的步驟。在這裡可以看到吞嚥津液以幫助存思的
操作。是否眞的服食到氣並不那麼重要，因爲此時服氣的意義不在肉體的呼
吸上，而在於心靈的存想上。重要的是存想得眞切深刻，則常人不可見但五
色流霞、雜有紫氣的日氣就會隨想像接臨到身上，隨吞嚥的動作納入體內。
第三、漱嚥後的祝誦爲道教咒語的代表形式，在仙道存思修煉法中多有。以
充斥象徵符號的四言韻文來暗喻服氣的涵義、身體的轉化、修煉成仙的美好，
便於背誦卻難以簡單理解。此處祝禱的作用在於，藉由咒偈將所吸入的氣息
神聖化，並借文字之描述輔助存思之進行，想像精氣的走向與功效等，凡此
都是爲了定義與保證所服日氣在身體中的效用。根據上述分析，我們發現，
六朝仙道在服氣法中加入存思後，所服之氣與實際的呼吸動作幾乎無涉，其
中內涵多爲存思所取代。

　　不過，本文在文獻查考中也看到一個例外，服氣的趨向是朝清靜無爲的
方面延伸。《老子說五廚經》爲南北朝早期道經，最早見於司馬承禎《服氣精
義論》引錄，或許是服氣法另一階段的演變。本經所言之五廚法，乃是東、
西、南、北、中五方食氣法：

　　東方：一氣和泰和，得一道皆泰，和乃無一和，玄理同玄際。

〔註87〕《上清握中訣》卷上，《正統道藏・洞眞部・玉訣類》冊4，P.255-1 至 255-2。

　　南方：不以意思意，亦不求無思，意而不復思（應作意），是法如是持。

　　北方：莫將心緣心，還莫住絕緣，心在莫存心，眞則守眞淵。

　　西方：修理志離志，積修不符離，志而不修志，己業無己知。

　　中央：諸食氣結氣，非諸久定結，氣歸諸本氣，隨取當隨洩。

唐代尹愔對五廚的解釋爲：「夫存一氣和泰，則五藏充滿，五神靜正。五藏充，則滋味足；五神靜，則嗜欲除。則此經是五藏之所取給，如求食於廚，故云五廚爾。」〔註88〕表面看來似乎不脫食氣以充養五臟的概念。五臟神靜正則嗜欲除的道理頗同於醫家，《素問‧陰陽應象大論》云：「人有五藏化五氣，以生喜怒悲憂恐。」情志與五臟互相影響，五臟神靜正等於五臟功能運作穩定，便不易產生情志失衡。而五臟神之所以靜正，乃因充滿和泰之精氣，邏輯亦合乎《素問‧生氣通天論》之說：「凡陰陽之要，陽密乃固，兩者不和，若春無秋，若多無夏，因而和之，是謂聖度。故陽強不能密，陰氣乃絕，陰平陽秘，精神乃治。」〔註89〕當精氣飽滿，人體之陰陽反而有如磁鐵相吸，平衡而緻密，精氣能固藏不耗散，使人精神旺盛，生命活動正常。

　　然而，儘管註解以爲《老子說五廚經》是傳統服氣，實則本經的服氣法異於先秦服氣，乃服食五方天氣時所誦念的咒訣。在服氣中加入祝誦咒語是六朝仙道修煉常用的作法，據《服氣精義論》引〈五靈心丹章〉：「此五靈章既可通五藏氣，每宜通誦之，仍各存藏位，其文有苦寒熱飢渴者，始可別誦章。爾當面向其方坐，閉目澄神，閉口心誦，仍動舌觸料口中，令津液生，微微引氣而嚥之，各入其藏中。」〔註90〕顯然是藉誦念咒訣使存思更具效果。但《五廚經》咒訣中沒有五方精氣狀貌或如何攝食的描述，與其說存思觀想，毋寧是修行時謹記在心的哲思、義理，而其涵意頗堪玩味。此中義理大約是：

　　（一）天地萬物爲一氣所化，若能得此一氣之道，則無不和泰。

　　（二）欲得一氣之道當不作意窮索，亦非無求，心中存此意念而已。

　　（三）不必攀緣意念，也不用完全斷絕外緣，心本已在，沉靜即能守之。

　　（四）一切作爲都合於道，卻都自然行之，爲而無爲，彷彿無知。

　　（五）食氣不可長久執著，有入有出、有取有洩，方是回歸根本之氣。

〔註88〕以上，《雲笈七籤‧諸家氣法‧五廚經氣法》卷61，《正統道藏‧太玄部》冊37，P.754-1至756-1。

〔註89〕以上，《黃帝內經素問譯解》，P.47、30。

〔註90〕《雲笈七籤‧諸家氣法‧服氣精義論》卷57，《正統道藏‧太玄部》冊37，P.705-1。

中央第五偈主張食氣有取有洩，與服氣法中另一類的吐納相近，即吸納之外也要吐出，或可猜測六朝時存思服氣與吐納行氣的觀念仍偶有混雜者。吐納之討論見下文。

《老子說五廚經》操作上仍保持五方食氣的形式，內容則標舉清靜無為、順其自然，嚴格來說，所言已非服氣，近於守一法中守靜養神、不加作意的一派，相當具有內修的傾向。這樣的主張在內丹理論興起後顯然更容易被接納。就像是（唐）孫思邈在〈存神煉息銘〉固然有類似尹愔的看法：「氣若不散，即氣海充盈，神靜丹田，身心永固，自然迴顏駐色，變體成仙。」但孫思邈言守氣根本的前提卻是：「欲學此術，先須絕粒，安心氣海，存神丹田，攝心靜慮，氣海若具，自然飽矣。」〔註91〕先修辟穀絕粒使身體清淨，真正的重點則在「安心氣海，存神丹田，攝心靜慮」使心神清淨。後面這三句其實屬於收攝意念、意守丹田的守一法，〈存神煉息銘〉可謂上接南北朝《老子說五廚經》乃至戰國兩漢《莊子》與《管子》「敬除其舍，神將自來」的路數。

二、吐納行氣

服氣的原理是攝入精氣，調和身體運作，並且藉著精氣的性質讓身體產生變化。上文的服氣法與吐納行氣雖然方法不同，信念是一致的。差別在於吐納行氣對於呼與吸同等重視。桓譚〈仙賦〉讚頌王喬、赤松藉由服氣而成仙，云：

> 夫王喬赤松，呼則出故，翕則納新，天矯經引，積氣關元，精神周洽，鬲塞流通，乘凌虛無，洞達幽明，諸物皆見，玉女在旁，仙道既成，神靈攸迎。〔註92〕

此與前文所引《淮南子・泰族訓》的記載相似。不過，〈仙賦〉的文句對吐故納新、行氣導引描述較多，其中有兩個重點，一是吐故與納新兼重，一是導引精氣積存關元。人與天地的關聯中最為基本又時刻進行的活動便是呼吸，沒有呼吸人便死亡，故古代養生家重視呼吸不待言便可喻。古人雖不曉得呼吸是吸進氧氣、呼出二氧化碳來維持新陳代謝，但吐納兼重意味著相信吸氣時攝進對身體有益的精氣，吐氣時排除對身體有害或是不必要的廢氣。以下分呴吹、導引兩方面論述。

〔註91〕 （唐）孫思邈撰：〈存神煉氣銘〉，《正統道藏・洞神部・方法類》冊31，P.53-2。
〔註92〕 《全上古三代秦漢三國六朝文・後漢文》卷12，P.535-1。

　　吐納行氣同樣是戰國即有的養生法。馬王堆漢墓的古醫書提供了不只一個系統的醫家服氣法，其中也記載屬於吐納一派的功法，例如《卻穀食氣》提到若進行辟穀，身體出現狀況，或者爲配合養生而施行的「呴吹」法：

> 食氣者爲呴吹，則以始臥與始興。凡呴，中息而吹。年二十者，朝二十，暮二十，二日之暮二百。年三十者，朝三十，暮三十，三日之暮三百。以此數推之。〔註93〕

呴吹法要在每天就寢前與早上剛起床後進行，施行的次數隨年紀而異，年愈長者吐納次數愈多。年滿二十歲者，早晚各作二十次。每間隔兩天改爲只在晚上作二百次，早上則停一回；年滿三十歲的人早晚各作三十次，每間隔兩天改爲只在晚上作三百次。其他年齡類推。爲什麼年紀愈長的人進行呴吸的次數要愈多呢？推測與隨著人年紀愈長，體內精氣耗失愈多有關，如《素問・上古天眞論》女子以七年、男子以八年爲階段，腎氣從實盛乃至衰竭。也就是說，行此呴吹法次數愈多，可用來彌補年紀漸長造成的體內精氣虧損，只是《卻穀食氣》對生命階段的劃分與〈上古天眞論〉不同，是以十年作爲一個階段。另外，關於每間隔幾天，需要早上停止呴吹，只在晚上一次進行大量呴吹，如此作法其理尙不甚明白。若從其選在就寢前大量呴吹，推測或許意在讓身體迅疾補充精氣，配合人體睡眠休養的時機而收納於體內、不致耗用於日間。至於爲何早晨不施行、或爲何不每日施行，除了攝養有節、毋過與不及的思維之外，可能亦是考量避免影響日常作息。

　　今人對「呴吹」有數種看法。馬繼興以爲，呴吹都是用口出氣、用鼻子吸氣，其中區別在於呴是張口緩慢地呼出暖氣，吹是合口急速地呼出冷氣。〔註94〕杜正勝言：「呴吹是呼氣之法，有人說呴吹都是呼法，唯有暖冷氣之別，但如果只呼無吸，恐怕不能叫做『食氣』，應該還是一吹一吸的。」〔註95〕孫嘉鴻則根據他的實修經驗，以爲「中息」是指吸氣後，在腹中停息片刻，再緩慢呼出，即是今日的腹式深呼吸，並認爲此方式較近自然法則，後世修道者亦多採用，類似禪宗的數息法。〔註96〕

　　《卻穀食氣》的「呴吹」法，讓人聯想到六朝仙道養生法中吐六氣治病之法，（梁）陶弘景《養性延命錄・服氣療病篇第四》記載：

〔註93〕《馬王堆古醫書考釋・《卻穀食氣》考釋》，P.829。
〔註94〕《馬王堆古醫書考釋・《卻穀食氣》考釋》，P.826。
〔註95〕《從眉壽到長生：醫療文化與中國古代生命觀・養形與延年》，P.278。
〔註96〕孫嘉鴻：〈道教辟穀食氣術初探〉，《嘉南學報》33期（2007），P.313-314

> 凡行氣，以鼻納氣，以口吐氣，微而引之，名曰長息。納氣有一，
> 吐氣有六。納氣一者，謂吸也；吐氣有六者，謂吹、呼、唏、呵、
> 噓、呬，皆出氣也。凡人之息，一呼一吸，元有此數。欲爲長息吐
> 氣之法，時寒可吹，時溫可呼；委曲治病，吹以去風，呼以去熱，
> 唏以去煩，呵以下氣，噓以散滯，呬以解極。凡人極者，則多噓呬，
> 道家行氣，率不欲噓呬。噓呬者，長息之心也。此男女俱存法，法
> 出於《仙經》。行氣者，先除鼻中毛，所謂通神之路。若天露惡風、
> 猛寒、大熱時，勿取氣。〔註97〕

此處謂利用六種吐氣的嘴型來達到治病的效果。就「納氣有一，吐氣有六。
納氣一者，謂吸也；吐氣有六者，謂吹、呼、唏、呵、噓、呬，皆出氣也」，
推測應是「呴吹」法的進一步發展。可知「呴吹」當然都是吐氣，因爲吸氣
均用鼻納氣，同樣的步驟便不必特別提出。〔註98〕目前已無法探知《卻穀食
氣》中不同的吐氣嘴型，在功效上有何不同，不過可以確定的是，「呴吹」與
《養性延命錄》的吐六氣有著同樣的邏輯，即其吐氣定然爲了袪除病邪。故
辟穀而食石葦出現的「首重、足輕、體疹」可以透過呴吹法，一方面補養，
一方面排疾；而《養性延命錄》的「吹以去風，呼以去熱，唏以去煩」亦同，
至於「呵以下氣」則似乎有藉吐氣來導引體內之氣下行的意味。陶弘景特別
提到「道家行氣，率不欲噓呬」，蓋噓以散滯、呬以解極，而修道者服氣正是
要積聚天地精氣臻於極致而練化，因此非必要，不會施行散滯、解極。

　　除了呴吹等利用不同吐氣方式達到不同醫療效果的吐納外，吐納養生法
中有時還包含導引的部分。導引有二類，一類指熊經、鳥伸或五禽戲之類，
透過肢體動作幫助氣血運行，一類指吐納時刻意的控制呼吸，甚且帶有想像，
此即用意志引導精氣行走身中，到達所需要之處。本文欲討論之導引行氣乃
後者。早在戰國時候已流行導引行氣，如《十問·四問》有云「以志治氣」，

〔註97〕《養性延命錄·服氣療病篇第四》卷上，《正統道藏·洞神部·方法類》冊31，
　　　　P.89-2 至 90-1。
〔註98〕吐納因何均以鼻納氣、以口吐氣呢？考量到人體生理活動，鼻用於呼吸，口
　　　　用於飲食，若非呼吸喘急，平常狀態本來就罕用口呼吸，因爲會讓口中津液
　　　　乾涸；而且，以口吸氣迅速而淺，也不合乎呼吸和緩深長之要求。是以，以
　　　　鼻納氣、以口吐氣，實屬自然。不過，道經中則以天人相應的邏輯來解釋，
　　　　如《幻眞先生服內元炁訣·調炁訣》：「鼻爲天門，口爲地戶，則鼻宜納之，
　　　　口宜吐之，不得有誤，誤則氣逆，氣逆乃生疾也。」（《正統道藏·洞神部·
　　　　本文類》冊31，P.26-2）其意彷彿天之氣須以鼻方能順利納之，故宜用鼻吸氣。

就是自覺地以意志控制調整呼吸吐納來達到養生，其中用不少篇幅談到吸氣之道：

> 吸氣之道，必致之末，精生而不缺，上下皆精，寒溫安生？息必深而久，新氣易守。宿氣爲老，新氣爲壽。善治氣者，使宿氣夜散，新氣朝最，以徹九竅，而實六腑。〔註99〕

導引行氣與吐納相同，有出有入，保持正常的呼吸，亦即此派功法相信，採用吐納的呼吸方式不會使納入體內的精氣流散，而且排除陳舊之氣才符合養生之理。「宿氣夜散」乃在夜間把體內陳舊之氣排出；「最」爲動詞，聚也，「新氣朝最」言利用朝間把天地新生發的新氣納入。這裡說凡是吸氣，必達於「末」。「末」指四肢末梢，如此可使身體上下都充滿精氣，而不令致病之病邪侵入身體——此一說法於往後醫家、道教中依然。爲了要能達於四肢，則氣息當然要深長而持久。〈四問〉對於一天之中不同時段的吐納，叮嚀如下：

> 朝息之治，其出也務合於天。其入也揆彼潤滿，如藏於淵，則陳氣日盡，而新氣日盈，則形有雲光。以精爲充，故能久長。
>
> 晝息之治，呼吸必微，耳目聰明，陰陰喜氣，中不潰腐，故身無病殃。
>
> 暮息之治，深息長徐，使耳無聞，且以安寢。魂魄安形，故能長生。夜半之息也，覺寤毋變寢形，深徐去勢，六府皆發，以長爲極。將欲壽神，必以膝理息。〔註100〕

將一日分朝、晝、暮、夜四個階段。對晨間之呼吸，要求每次呼氣時都盡量呼出胸中陳氣，力求排除淨盡；並盡可能吸入空中新鮮空氣令其深入體內而收藏，呼應「新氣朝最」之說。日常白天的呼吸，則要求呼吸輕微，這樣可以增強聽力和視力，並使體內生機旺盛、精神不衰敗，而使練功之人不患疾病。晚間呼吸的要求是：每次呼吸都深長而緩慢，其程度是耳不聞己呼吸之聲，這練習要一直進行到就寢時。深夜，也就是睡眠時，呼吸便要求：在半夜醒覺時不要改變身體的姿勢，繼續注意呼吸，深長緩慢，宜順其自然、不刻意用力。歸納後三個時段的叮嚀，不會特別強調要吸入什麼精氣，基本上

〔註99〕以上，《馬王堆古醫書考釋‧《十問》考釋》，P.914、905。《呂氏春秋‧季春紀‧先己》有段論述或許與此吐納思維同一來源：「凡事之本，必先治身，嗇其大寶。用其新，棄其陳，腠理遂通。精氣日新，邪氣盡去，及其天年，此之謂真人。」（《呂氏春秋新校釋‧季春紀‧先己》卷3，P.144）

〔註100〕以上，《馬王堆古醫書考釋‧《十問》考釋》，P.908、909-910、911、912。

就是呼吸要鬆輕緩深，藉由這樣的呼吸來調節生理活動。

另外，天津市歷史博物館收藏的戰國玉器所載〈行氣銘〉是現存最早的氣功功法文獻，年代早於《馬王堆醫書》，但其吐納導引的理路卻比《十問‧四問》更爲細密，蓋爲不同於醫家之方仙道一脈，所述甚有深意：

> 行氣，深則蓄，蓄則伸，伸則下，下則定，定則固，固則萌，萌則
> 長，長則復，復則天；天几本在上，地几本在下，從則生，逆則死。
> 〔註101〕

其文字簡略，當代研究多半自行增補意義，方可通順解釋。李約瑟在《中國科學技術史》提到這段文字，由英文翻譯而來，可以看作是西方學者的解讀之一：

> 呼吸必須（如下）進行。閉住（氣）並使之聚集。氣聚集了就會擴
> 張，擴張了就會下行，下行了就會安定，安定了就會凝固，凝固了
> 就會開始萌發，萌發了就會生長，生長了就會重新被推回（至上部），
> 被推回了就會到達頭頂。在上面它將壓向頭頂，在下面它將向下衝
> 壓。遵行此法者則生，違反此法者則死。〔註102〕

根據這段釋文，〈行氣銘〉主張吸氣不出，則氣將會往身體四處擴張，氣之擴張最明顯的就是下行，下行之氣凝聚充養到一定程度，氣又會生長向上而行，最後至於頭部。這似乎表示氣之上下是同一路徑，但方向相反。由於〈行氣銘〉欠缺主詞，也未標示動詞的使役型態，故其所說的氣息循環，不知是指氣的特性自然會如此，抑或是透過人對氣之導引來達成；可以確定的，是要讓氣延伸到身體末梢。行氣上下蘊含物極必反的動態觀念，發展到一端之極限，就會運動回另一端，令人想到易理中的陰陽消長。氣下行則安定，則是後世醫家與氣功理論所習慣之觀念，蓋氣息於身中下行含有收藏之意，表示氣不會浮躁妄動。所說安定則凝固、凝固則萌發，似與第四章第一節論胚胎發育，《洞眞九丹上化胎精中記經》云「炁凝爲精，精化成丹，丹變成人」的過程可以相發。

杜正勝對〈行氣銘〉的解釋亦明晰可參：「銘文先言深吸氣，所吸者天

〔註101〕原拓片見《三代吉金文存》卷20，P.49。〈行氣銘〉隸定依《從眉壽到長生‧養形與延年》，P.273-274。下文杜氏之解釋亦引於此。

〔註102〕李約瑟著；鄔海波譯：《中國科學技術史‧煉丹術的發現和發明：內丹》（北京：科學出版社，2011）第5卷，第5冊，P.127）

之氣，蓄於身乃伸，指氣長而下；氣在胸肺並不立即吐出，而能下及橫隔、丹田，以抵達足部，於是氣在體內得以定，…氣能定則固，…固之於踵，如樹木之接地氣，遂萌生新氣，新氣增長，再從足跟返回腹、胸、頭而吐還於天。…『天機本在上，地機本在下』，人亦因行氣導引而得以接續天地之氣，二氣遂在人身成一循環。」此說當是參考《莊子・大宗師》：「古之眞人，…其息深深。眞人之息以踵，眾人之息以喉。」〈應帝王〉也有「機發於踵」〔註103〕之句，因而設想吸氣時達於足，然後氣又從足部萌生而復還吐出。如果考慮〈行氣銘〉欲利用頭、足接續天地之氣，則此套導引功法當是站立施行。

　　吸氣引達於足的服氣養生法，於漢代《春秋繁露・循天之道》亦可見到：

> 鶴之所以壽者，無宛氣於中，是故食（不）冰；猿之所以壽者，好引其末，是故氣四越。天氣常下施於地，是故道者亦引氣於足：天之氣常動而不滯，是故道者亦不宛氣。〔註104〕

或許是《莊子》所記述的服氣法在漢代仍有流傳，或許是漢人對「息以踵」的詮釋。不論原因爲何，在在顯示了一致的理路：從《十問・四問》「吸氣之道，必致之末」，〈行氣銘〉「行氣，深則蓄，蓄則伸，伸則下，下則定」乃至《莊子・大宗師》、《春秋繁露・循天之道》，都相信吐納養生必讓氣息達致身體末梢、遍布全身。這樣想像精氣通達頭足、或是臻於四肢末梢的步驟，在此類導引行氣法中是一個必要的部分，直至唐代依然，像是孫思邈所撰《備急千金要方・養性・道林養性第二》：

> 仍可每旦初起，面向午，展兩手於膝上，心眼觀氣，上入頂、下達涌泉，旦旦如此，名曰迎氣。常以鼻引氣，口吐氣，小微吐之，不得開口。復欲得出氣少，入氣多。每欲食，送氣入腹。〔註105〕

可以發現導引行氣的吐納功法從〈行氣銘〉以下，基本上並無太多變化。而稍有變化的是，孫思邈加入了「出氣少、入氣多」，應該是希望盡量將精氣留在體內，以免事倍功半。

　　將討論拉回六朝。六朝時對於精氣行於人身的概念略同先秦兩漢，像《太平經・還神邪自消法》云：「人氣亦輪身上下，神精乘之出入。神精有氣，如

〔註103〕以上，《莊子集解》卷2，P.55、73。
〔註104〕《春秋繁露新注・循天之道》，P.338。
〔註105〕《備急千金要方・養性第五》卷27，P.478-2至479-1。

魚有水,氣絕神精散,水絕魚亡。」〔註106〕而且確實相信意念可以導引精氣:「夫神明精氣者,隨意念而行,不離身形。神明常在,則不病不老,行不遇邪惡。」〔註107〕《黃庭外景經·試說章》也提到:「心爲國主五臟主,意中動靜氣得行。」〔註108〕言心意的動靜令精氣可以行於人身。蓋「以志治氣」爲行氣法成立的前提,於存思盛行的六朝來說,可說是非常自然的想法。

不過,奇怪的是,導引行氣於六朝卻不甚盛行,但見零星之例。醫家方面,見《諸病源候論·風病諸候上·風身體手足不隨候》記載利用行氣來治療四肢疼悶、不能隨意或腹內積氣的疾病:

> 床席必須平穩,正身仰臥,緩解衣帶,枕高三寸,握固。握固者,以兩手各自以四指把手拇指。舒臂,令去身各五寸,兩腳豎指,相去五寸。安心定意,調和氣息,莫思餘事,專意念氣,徐徐漱醴泉。漱醴泉者,以舌舐略脣口牙齒,然後咽唾。徐徐以口吐氣,鼻引氣入喉,須微微緩作,不可辛急強作,待好調和。引氣、吐氣,勿令自聞出入之聲。每引氣,心心念送之,從腳趾頭使氣出。引氣五息、六息,一出之,爲一息。一息數至十息,漸漸增益,得至百息、二百息,病即除愈。不用食生菜及魚肥肉。大飽食後,喜怒憂恚,悉不得輒行氣。惟須向曉清靜時行氣,大佳,能愈萬病。〔註109〕

專心而和緩地專注呼吸,氣息輕緩無聲,吸氣之後想像氣息從腳指頭出,尤以清晨時行氣爲佳云云,此番吐納行氣方式與秦漢時幾無二致。其治病原理是令全身充滿精氣,則病邪便自然地被排除出去。前節提過的漱嚥與握固都在引文中出現。握固在此就是爲了防堵所服之精氣逸出人體。

至於仙道方面的例子,《黃庭外景經》的修煉法雖然主要是存思身神與黃庭,其中還是納入了吐納行氣的概念,像開篇的〈老子章〉就說到:「呼吸廬間入丹田,玉池清水灌靈根,審能修之可長存。」提到以鼻(廬間)呼吸,想像將氣納入丹田,並可配合漱嚥法。另外,值得注意的是《黃庭外景經·璇璣章》,此章雖描述存思之意象,但很可能全章都在講導引行氣:

> 璇璣懸珠環無端,迅(疑應作玉)牝金籥常完堅,載地懸天周乾坤,

〔註106〕《太平經合校·癸部》,P.727。

〔註107〕《太平經合校·太平經鈔辛部》,P.698-699。

〔註108〕《太上黃庭外景玉經》,《正統道藏·洞玄部·本文類》冊10,P.115-2。

〔註109〕《諸病源候論校注·風病諸候上》卷1,P.22。

> 象以四時赤如丹，前仰後卑各異門，送以還丹與玄泉，象龜引氣至
>
> 靈根。〔註110〕

若然，這是吐納行氣於六朝仙道罕見的重要例證。經文說存養精氣要如同龜息一般，和《春秋繁露・循天之道》所說模仿猿、鶴之呼吸類似，模仿的雖是長壽的動物，實則蘊含效法天地自然法則的意義。此章言人身精氣流行有如天空北斗七星繞北極星之運轉、又如環之無端，並不止息；「載地懸天周乾坤」也許是以天地象人身，精氣在頭足之間循環；還有，六朝時候的吐納不免加入煉丹術的想像，如精氣會「赤如丹」，而這樣的循環即是身體「還丹」的過程。

《黃庭外景經・璇璣章》所云「前仰後卑各異關」，此句特別值得注意，可能是秦漢以來導引行氣法採用類似小周天循環的最早記載。秦漢時之行氣雖想像在人身上下達於頭、足，但上下的路徑卻是相同的，如上文所釋的〈行氣銘〉；前引《上清大洞真經・誦經玉訣》服氣存思之循行路線「內九帝下入絳宮，穿尾閭穴，上入泥丸」也未必定要行於任、督脈才成。但〈璇璣章〉的「前仰後卑」，顯然具有精氣在身前上行、在身後下行的意味，「各異門」更明言精氣上下通過的門徑不同。其後編輯於南北朝末的《正一法文修真旨要・服氣訣》則提到若吐納服氣覺得腹悶時，用存思幫忙疏導，導引的路徑也有類似周天循環的脈絡：

> 其中初服以臍下澀悶，不須疑怪。悶時，燒和香於靜室，暫絕人喧，寬衣帶，從容四體仰臥，小小閉氣，想氣從五藏中對兩腎下，貼著脊有二穴氣，色白，分為二道，從穴夾脊上至頭，想氣至髮熠熠良久，想氣迴至面下，入五藏，又下至三星，然後下至腳湧泉，了，即以兩手心摩腹三二十轉，及臍下百轉，了，從容四大臥，少時自然舒暢，向來之悶都除也。〔註111〕

服氣的腹悶應是由於精氣聚於腹中不得通所致，故須存想五臟精氣下匯於兩腎，兩腎之精氣再順脊椎兩旁（足太陽膀胱經）而至頭頂，然後從正面下入五臟，精氣循環並不止於回到五臟，再經過三星（生殖部位），達於腳底湧泉穴，方是完整的運行。想像氣至頭髮熠熠良久，乃是與氣至足底湧泉相對，同為人體的最遠端，表示精氣通達全身。但這樣的精氣運行路徑還不是後世

〔註110〕以上，《太上黃庭外景玉經》，《正統道藏・洞玄部・本文類》冊10，P.114-2、115-2。
〔註111〕《正一法文修真旨要》，《正統道藏・正乙部》冊55，P.40-1至41-1。

所謂小周天循環，其中尚留有五臟精氣的概念，也未表示出丹田、脊後三關、督脈、任脈。據此，小周天功法於六朝仙道中仍未發展出來，但當時對於精氣循環全身已有概略的方向。另外，《黃庭外景經・璇璣章》「前仰後卑」的運行方向是醫家認為氣走任督時正常循行的方向；而《正一法文修眞旨要・服氣訣》則是氣從兩腎夾脊上至頭頂、迴面而下，已與後世小周天功法路徑一致，而與醫家之說恰好相反，這樣不合日常生理的精氣循行方向——被後世修仙者稱為「逆轉河車」——顯然也是一種「復反」或「逆則成仙」的實踐。

　　六朝以下乃至隋唐，導引行氣的記載便逐漸增多。如司馬承禎撰〈服氣精義論〉、《幻眞先生服內元炁訣》、《延陵先生集新舊服氣經》及《雲笈七籤・諸家氣法》等書所載服氣法訣，蔚然大出，各有些微不同，或結合存思、或結合胎息，難以列舉。本文所關注的導引行氣可舉《幻眞先生服內元炁訣・行炁訣》為代表，以見其傳承與變革：

> 下丹田近後二穴，通脊脈，上達泥丸。泥丸，腦宮津名也。每三連嚥，則速存下丹田，所得內元炁，以意送之，令入二穴，因想見兩條白炁，夾脊雙引，直入泥丸，薰蒸諸宮，森然遍下毛髮、面部、頭項、兩臂及手指，一時而下，入胸至中丹田。中丹田，心宮神也。灌五藏，卻歷入下丹田，至三星，遍經髀膝脛腜，下達湧泉。湧泉，足心是也。〔註112〕

可以看到原本在《正一法文修眞旨要・服氣訣》中用於疏導腹中精氣的存思法在此則成為行氣法的主要部分，其運行路徑大體相同，但〈行炁訣〉以三丹田為運行重點，一如之前第四章討論的身體觀，六朝仙道逐漸將身體器官的重點從五臟逐漸轉移到身體中軸上。所以〈行炁訣〉的功法不再出現二腎，而是從下丹田夾脊而上；也非將精氣臻於頭髮，而是薰蒸上丹田，即腦部泥丸諸宮；精氣降下也是先會集於中丹田心宮，然後才灌五臟。

　　先秦時的行氣法多是順人體生理之自然，但後來的吐納行氣法中我們可以看到主張入氣多、出氣少，或者要閉氣到不行方才緩緩吐氣的要求，想法逐漸從吐故納新轉為盡量將精氣留在體內，表示擔心吐氣時會將體內精氣吐出。既然呼吸有出有入，吐納行氣如何在呼氣時不會將精氣吐出？又，《正一法文修眞旨要・服氣訣》云：「凡服日月精華者，即須皆早朝及夜半生氣時，

〔註112〕《幼眞先生服內元炁訣》，《正統道藏・洞神部・方法類》冊31，P.27-1 至 27-2。

仍須天氣晴明。只如內氣，但覺腹空即服，不限時節及行住坐臥也，亦不論日服幾度也。」〔註113〕為何能不限時節及行住坐臥，亦不論日服幾度？若行自然吐納，此一顧慮勢必得解釋圓滿。唐代《幻真先生服內元炁訣・嚥炁訣》便分別出內氣與外氣：

> 服內炁之妙在乎嚥炁。世人嚥外炁以為內炁，不能分別，何以謬哉！吐納之士宜審而為之，無或錯誤耳。夫人皆稟天地之元炁而生身，身中自分元炁而理。每因嚥及吐納，則內炁與外炁相應，自然炁海中炁隨吐而上，直至喉中，但候吐極之際，則輒閉口連鼓而嚥之，令郁然有聲汩汩然。後男左女右而下納二十四節，如水瀝瀝分明聞之也。如此則內炁與外炁相顧皎然而別也。〔註114〕

行氣所導引的氣乃是「內氣」——身體內本有之元氣，隨呼吸而氣海中元氣亦隨之上下。是以吐納行氣納入多少呼吸的清氣還在其次，最重要的是先要存留隨呼吸之氣而在體內上下運行的元氣。如此說法更強化了漱嚥的重要性，藉由漱嚥的動作將元氣再度納入身中而無所耗損。也就是說，六朝以下的仙道理論，認為吐納行氣的重點不在呼吸清氣，而是隨呼吸在體內運行精氣。當然，能於早晨或夜半生氣時進行，又可以順便納入天地的生氣，持續存養體內之氣，乃一舉兩得。

關於意念是否真能導引精氣行走。本文以為，也許練功有成之修行者確實可以感受精氣達於四肢末梢或頭頂、足底，但初練者必然無真切的感受，因此導引行氣的功法若描述吐納時導引氣息至於四肢，顯然多帶有想像成分，當與「存思」相似。透過想像精氣在身體的運行或涵蓄，應對操作吐納行氣有所幫助，不過導引行氣法不像存思服氣法發展得那麼複雜。導引行氣法使用的存思，僅在於吐納時想像氣之納入、呼出及行走體內的路徑，而精氣的性質與發生的作用一任自然。六朝仙道的存思服氣法則面面俱到、處處兼顧、時時運想，複雜多矣。見下節討論。

三、閉氣胎息

閉氣和入氣多、出氣少這種存留精氣的想法是吐納行氣法另一方面的發展，與胎息密切相關。如果李約瑟的理解正確，則早在〈行氣銘〉的年代就

〔註113〕《正一法文修真旨要》，《正統道藏・正乙部》冊55，P.40-2。
〔註114〕《幼真先生服內元炁訣》，《正統道藏・洞神部・方法類》冊31，P.26-2至27-1。

已經發展出閉氣然後導引的行氣法了。舊云葛洪所撰《神仙傳》有〈彭祖〉一則，歸納許多養生原則，其中有云：

> 常閉氣內息，從平旦至日中，乃危坐拭目，摩搦身體，舐唇咽唾，
> 服氣數十乃起行，言笑如故。其體中或有疲倦不安，便導引閉氣，
> 以攻其患。心存其身，頭面九竅，五藏四肢，至於毛髮，皆令其存。
> 覺其氣行體中，起於鼻口中，達十指末，尋即平和也。〔註115〕

閉氣是吸氣之後閉住氣息，特意使氣息留在身體中，藉由這種方式讓身體吸納收藏精氣。身體疲倦不安之時，利用閉氣與存思的方法，導引氣息走遍全身，尤其是有疾患的部位，此蓋以爲身體之疲倦病痛乃該部位精氣不足或精氣不能達，故以精氣充之、祛除病邪，則能平復，是「生命賴於精神而維繫」此種觀念的實踐。存思法中亦會見到類似的作法，如《正一法文修眞旨要‧服食忌并治病法》載有：「道士有疾，當閉目內視心，使生火以燒身及疾處，存之使精如髣髴，病即愈。於痛處存加其火，祕驗。」〔註116〕與引文「導引閉氣，以攻其患」理路相似，只是透過存思體內生火來完成。

至於閉氣時間的長短，似乎是漸進增加，越長越好。如（梁）陶弘景《養性延命錄‧服氣療病篇第四》記載：

> 從夜半至日中爲生氣，從日中後至夜半爲死氣。常以生氣時正僵臥，
> 瞑目握固（握固者，如嬰兒之拳手，以四指押拇指也），閉氣不息，
> 於心中數至二百，乃口吐氣出之。日增息。如此身神具，五藏安。
> 能閉氣至二百五十，華蓋明（華蓋，眉也）〔註117〕，耳目聰明，舉
> 身無病，邪不干人也。〔註118〕

引文中，閉氣時配合握固，應是令精氣不散逸，強化閉氣的效果。由於希望身體吸收的是有用的精氣，故當服生氣，勿服死氣。如此思維早在《十問‧四問》之「宿氣夜散，新氣朝最」已可見到。前引《神仙傳‧彭祖》所言閉氣內息的時段乃從平旦至日中，時段大略重疊。而引文此處是以一天中的陰

〔註115〕《神仙傳校釋‧彭祖》卷1，P.15。

〔註116〕《正一法文修眞旨要》，《正統道藏‧正乙部》冊55，P.39-2。

〔註117〕該處所附註解宜商榷。醫家向稱肺爲華蓋，以肺是五臟中位置最高者。《道樞‧黃庭篇》卷7亦云：「肺主乎氣者也，是爲華蓋焉。其下通于命關，其上貫乎神廬。氣或不通，則鼻塞矣。」（《正統道藏‧太玄部》冊35，P.237-1）服氣與肺相關至深，故華蓋當爲肺。「華蓋明」許是指呼吸順暢、胸口明朗的感受。

〔註118〕《養性延命錄‧服氣療病篇第四》卷下，《正統道藏‧洞神部‧方法類》冊31，P.89-2。

陽消長循環來考慮服氣時刻，夜半至日中乃陽氣生起的時段。服氣目的在於養性延命，當施行於天地之氣生發而非消藏的時候以求相應。陶弘景所記錄的閉氣法應該是六朝道教流傳頗為普遍的行氣養生法，《抱朴子·釋滯》載有類似的功法：

> 初學行氣，鼻中引氣而閉之。陰以心數至一百二十，乃以口微吐之，及引之，皆不欲令己耳聞其氣出入之聲，常令入多出少，以鴻毛著鼻口之上，吐氣而鴻毛不動為候也。漸習轉增其心數，久久可以至千，至千則老者更少，日還一日矣。行氣當以生氣之時，勿以死氣之時也。故曰「仙人服六氣」，此之謂也。一日一夜有十二時，其從半夜以至日中六時為生氣，從日中至夜半六時為死氣。死氣之時，行氣無益也。〔註119〕

服氣入多出少之外，還希望吐氣細微至令鴻毛不動。此一操作亦是盡量將生氣留在體內，積存天地之元氣。疑為中晚唐所集成的《延陵先生集新舊服氣經·胎息雜訣》提到胎息要訣：

> 但徐徐引氣出納，則元氣亦不出也，自然內外之氣不雜，此名胎息。

〔註120〕

如此說來，葛洪之胎息法所以要求吐氣細微至令鴻毛不動，就是為了讓口鼻徐引外氣出入，而不致牽動體內的元氣。元氣不耗，便可慢慢達成自給自足之胎息。練成胎息後，身中精氣逐步充盈，相信如此一來，生命回歸嬰兒初得稟賦、精滿神全的狀態，因此能老者更少。

　　《抱朴子·釋滯》與陶弘景說法不同之處在於，陶弘景將此視為「服氣療病」的養生法；葛洪不以此閉氣為服氣法，直接說是「胎息」，而且是仙道重要修煉法門之一：

> 欲求神仙，唯當得其至要，至要者在於寶精、行炁、服一大藥便足，亦不用多也。…其大要者，胎息而已。得胎息者，能不以鼻口噓吸，如在胞胎之中，則道成矣。〔註121〕

嬰兒在母腹內並不存在口鼻呼吸，是以所謂「胎息」法，就是模擬自己如在

〔註119〕《抱朴子內篇校釋》卷8，P.136-137。
〔註120〕《延陵先生集新舊服氣經·胎息雜訣》，《正統道藏·洞神部·方法類》冊31，
　　　　P.9-2。
〔註121〕《抱朴子內篇校釋》卷8，P.136。

胎胞之中，希望最終能返還到「胎息」的原始狀態。〔註122〕葛洪以爲此乃「行氣」之至要，亦即修煉胎息是充養身體精氣最佳的方式；再配合房中之術，可使精氣不漏；待得精氣完足，服上等仙藥則修仙之事畢矣。胎息的邏輯尚可見於《太平經・太平經鈔辛部》：

> 請問胞中之子，不食而取氣？在腹中，自然之氣。已生，呼吸陰陽
> 之氣。守道力學，反自然之氣。反自然之氣，心若嬰兒，即生矣。
> 隨呼吸陰陽之氣，即死矣。〔註123〕

嬰兒之所以能不食，就是因爲在胎中乃是稟自然之氣；可是一旦出生開始呼吸，就是分化成陰陽之氣。此種說法頗有先、後天呼吸的意味，蓋認爲呼吸「陰陽之氣」即是有相對分別，一進一出，生命即落於形下，所以主張要返回嬰兒不加分別的「自然之氣」狀態。

「反自然之氣」反映了道教返元歸根思想，不過，〈太平經鈔辛部〉未解釋如何心若嬰兒，以及心若嬰兒與反自然之氣的關聯何在。這個疑慮或許能藉《老子想爾注》來解決。《老子想爾注》注「專氣致柔能嬰兒」云：

> 嬰兒無爲，故合道。但不知自制，知稍生，故致老。謂欲爲柔致氣，
> 法兒小時。〔註124〕

「知稍生」意謂認知、智識漸漸產生增長，人在世間生活需要藉此，但衰老的原因亦由於此。認知、智識適爲貪欲謀利、向外求逐之用，而一般人罕能知足自制，戕害性命自不必說。相比之下，嬰兒的意象則表示尚未發展複雜認知、未吸收外加智識，無知無慮，純以自然應對。我們不禁想到前文工夫論引《管子・心術上》，描述有道之君垂拱而治，心智狀態也類似嬰兒：「其處也，若無知；其應物也，若偶之。」另外，嬰兒在道家還代表精氣飽滿，見《老子・55章》言「含德之厚，比於赤子」、「未知牝牡之合而全作，精之至也」。所以「心若嬰兒」、「法兒小時」是心智境界要效法道家所推崇的天眞嬰兒；「爲柔致氣」大約是說心不強使氣，就可以慢慢充養自身精氣。若不倚

〔註122〕唐代撰《太清調氣經》言嬰兒之胎息狀態可爲補充：「鼻長引氣，口滿即咽，
　　　　然後一吐，須少，每引須多。夫服氣之道，本名胎息。胎息者，如嬰兒在母
　　　　腹中，十箇月不食而能長養成就，骨細筋柔，握固守一者，爲無思慮故，含
　　　　元氣之故。忽出母腹即吸納外氣，有啼叫之聲，知乾濕飢飽者，即失元氣也。」
　　　　（《正統道藏・洞神部・方法類》冊30，P.835-1）
〔註123〕《太平經合校・太平經鈔辛部》，P.699。
〔註124〕《老子想爾注校箋》，P.13。

賴認知、智識，充養精氣、心如嬰兒，要如何應物處世？或可參《淮南子・原道訓》云：「氣爲之充，而神爲之使也」、「恬然則縱之，迫則用之。其縱之也若委衣，其用之也若發機。」〔註125〕精氣既盈滿，恬然無事時放任悠然，不得已物來互動時氣交神應，如同機關被觸發。養氣如此而順乎情況、自動應物，或許就稱得上無爲而合道了。

　　據上文之疏理，那麼服氣法中的「胎息」還隱含虛靜其心以養氣的工夫論理路。此說有證乎？《延陵先生集新舊服氣經・胎息雜訣》除了述說實際運作胎息的訣竅，同篇另外也談到心理上的訣竅：

> 胎息之妙，功在無思無慮，伴合自然。心如死灰，形如枯木，即百
> 脈暢、關節通矣。若憂慮百端，起滅相繼，欲求至道，徒費艱勤，
> 終無成功。〔註126〕

依這裏的提示來看，胎息不是強行閉氣所能達到的。胎息之「胎」不僅僅點出不靠口鼻呼吸，更重要的，是意識要模擬乃至復反嬰兒胎中狀態所表現的無思無慮。凡人憂慮百端，干擾生理不得自然，則求道無功；相反地，當人有爲的思慮能夠不生起，心靈平靜，道教便相信生命活動自然恢復本來百脈暢、關節通的狀態，如此修煉胎息就漸漸接近復歸嬰兒的目的。

　　從第四章第四節論意志已知，醫家與六朝仙道都認爲意志乃精神出入的關鍵，只是仙道更傾向意志不屬先天精神，隱然蘊含否定自我意識作用的可能。這種對自我意識刻意有爲的否定，至六朝晚期或唐代的胎息法中，表現更爲明顯。六朝仙道論述中，早有先驅，例如《神仙傳・欒巴》居然出現反對導引、吐納的論調：

> 士大夫學道者多矣，然所謂八段錦、六字氣，特導引、吐納而已。
> 不知氣血寓於身而不可擾，貴於自然流通，世豈復知此哉！雖日宴
> 坐，而心騖於外，營營然如飛蛾之赴霄燭，蒼蠅之觸曉牖，知往而
> 不知返，知就利而不知避害。…故學道者，須令物不能遷其性。冶
> 容曼色，吾視之與嫫母同。大廈華屋，吾視之與茅茨同。澄心清淨，
> 湛然而無思時，導其氣，即百骸皆通。抱純白，養太玄，然後不入
> 其機，則知神之所爲，氣之所生，精之所復，何行而不至哉！〔註127〕

〔註125〕《淮南鴻烈集解・原道訓》卷1，P.40、42。

〔註126〕以上，《延陵先生集新舊服氣經・胎息雜訣》，《正統道藏・洞神部・方法類》
　　　　　册31，P.9-2。

〔註127〕《神仙傳校釋・欒巴》卷5，P.195。

認爲導引、吐納都是無端擾動氣血，多此一舉，氣血當令其自然流通。另外，若心意識不能內守，爲外物所誘、爲思慮所亂，雖身體終日宴坐，實際卻無效益。學道必先澄心清淨、湛然無思，如此氣血方能無礙通於全身，乃可修仙。這些觀點與《延陵先生集新舊服氣經・胎息雜訣》的主張若合符節。或撰於南北朝的《高上玉皇胎息經》，經文簡短卻爲後世道教所重。經名「胎息」，點明此經指引胎息之要訣，經文有云：

> 知神氣可以長生，故守虛無以養神氣。神行即氣行，神住即氣住。
>
> 若欲長生，神氣相注。心不動念，無來無去，不出不入，自然常在。
>
> 〔註128〕

言神、氣互相牽動，故神若住身則氣亦住身。然則胎息要訣就是心守虛無，亦即心不動念、自然安在，那麼神氣也就能夠保全。六朝仙道的胎息觀念上承秦漢道家養氣，下啓唐宋胎息法，則六朝仙道作爲內丹學之過渡階段，其銜接密切可見一斑。

第四節　存思

存思也稱存想。存，爲意念持續在某個狀態；想或思，是想見其形，彷彿爲眞。存想方術之運用，起源理應甚早，中外的先民在占卜、預知、降靈、施行巫術中均已運用，觀諸《楚辭・九歌》即可見巫者恍惚中想像與神靈交感的畫面，《禮記・祭統》載：「齊（齋）者精明之至也，然後可以交於神明也。」〔註129〕或漢代宮中之「祠竈」等，均與存想相關。然秦漢神仙之術除《太平經》存思五臟以治病外，少見存思法的直接記載。不過，考慮到上節所言導引行氣中應包含想像精氣流行，甚至餐六氣的操作上也帶有想像成分，那麼可以說存思早已蘊含在服氣法中，〔註130〕只是至六朝時道教才將存思獨立出來且作爲主要修煉法門。六朝仙道的存思法，就是閉目想像體內外諸神、諸景，以求統御諸神、修煉成仙。存思有思內境，亦有思外境，有存本身之神，也有想身外之神，但修煉上不會截然劃分，往往一套儀式中內、外之存思都會用上。

〔註128〕《高上玉皇胎息經》，《正統道藏・洞眞部・本文類》冊2，P.302-2。
〔註129〕《重刊宋本十三經注疏・禮記注疏》卷49，P.832-1。
〔註130〕亦可參林永勝撰：〈六朝道教三一論的興起與轉折——以存思技法爲線索〉，《漢學研究》26卷1期，P.71-72。

存思不僅是長生修仙的方法，還是道教施行法術能夠有效的途徑，如《抱朴子‧地眞》說：「吾聞之於師云，道術諸經，所思存念作，可以卻惡防身者，乃有數千法。如含影藏形，及守形無生，九變十二化二十四生等，思見身中諸神，而內視令見之法，不可勝計，亦各有效也。」〔註131〕《靈寶無量度人上品妙經》卷一猶存南朝晉時《度人經》內容，言行道之日，香湯沐浴、齋戒、叩齒、禮拜之後，「閉目，靜思身坐青、黃、白三色雲炁之中，內外赩冥，有青龍、白虎、朱雀、玄武、獅子、白鶴，羅列左右，日月照明，洞煥室內，項生圓象，光映十方，如此分明」，〔註132〕即是存思自身如同仙人，不僅雲氣神獸圍護，頭項亦發圓光，如此誦經或修行方具神效。直至今日，道教中的齋醮科儀中要召役鬼神、奏達天庭、拘斬妖魔等，都須憑藉存思以達成，捨此無由通神。可見存思在道教信仰信念與儀式操作上的重要性。

何以存思會發生效力，可藉以修煉成仙？皆因仙道之存思其意義不僅止於單純想像，呈現的更是道教信眾內心的宗教體驗，他們相信所存思的神靈、場景皆是眞實不虛。一般的感官礙於肉體凡胎，無法感受內外諸神、天地精氣，但道、氣、神始終都在；若有眞人、天師能揭示形象、開導眞相，修行者的心靈之眼便可描摹勾畫。當描摹勾畫得越來越栩栩如生，表示修行者的身心狀態提昇感通，因此諸神、諸景逐漸與己相應，這同時也代表凡人的身體正隨所存思的內容在逐漸轉化。

關於存思的研討頗為駁雜，為討論方便，以下分為二小節：第一小節談存思服氣及五臟精氣在體內流動的邏輯。第二小節談存思身中與身外之神所透顯的思維。

一、存思服氣與五臟氣行

六朝時，存思法成為當時上清一系主要的內在修煉工夫。纂集早期上清派修行經訣而成的《上清握中訣》卷上記載，在正式修行之前，須先朝四極、步五星。朝四極者，依季節與方位朝拜並存思四方五行之神入於身中。四極即五行精氣的神格化，以天上金、木、水、火、土五星為其顯現：

春——東向視歲星象在肝中，祝曰：太歲元神木公九元陽華玄元，盡來入身。

〔註131〕《抱朴子內篇校釋》卷18，P.297。
〔註132〕《靈寶無量度人上品妙經》，《正統道藏‧洞眞部‧本文類》冊1，P.3-2。

夏——南向視熒惑星象在心中，祝曰：南上元神火陽四光重離丹火，來
入丹房。

秋——西向視太白星象在肺中，祝曰：西上太玄金精七道玉元二帝，氣
回胎腦。

冬——北向視辰星象在腎中，祝曰：北玄紫辰金車水元龍胎化靈，來入
一身。

甲子日、八節日——向眞人存鎮星象在脾中，祝曰：太極九眞流康陰根飛
一華蓋，來入泥丸。〔註133〕

除內視星象存於五臟，祝禱的內容也表達納入五方的五行精氣，藉由精氣入
身，人的身體從平凡轉爲神聖。爲搭配五行中的土，此處並不如醫家一般別
立「常夏」，而是配以特定干支、節令。可以清楚看到朝四極仍有依照特定時、
空而服氣的操作痕跡，只是其重點轉爲存思。

六朝所出現的服氣之法，分爲服體外之氣和服體內之氣；體外者有服五牙、
紫氣、霧氣、五方靈氣、日月星辰光芒及精華等法，體內者也有服五臟氣與元
氣等。不論何種服氣法，都非先秦單純的操作吐納服氣，且通常和存思結合，
前一節談服氣時已見例證。加入了存思之後，服氣的侷限大爲減少而便於施行。
《上清握中訣》列出「服日氣法」、「服月精法」後，有小註：「若天陰，可於寢
室存之。山林中旦夕恒行。」像服日月光芒這類不需要配合季節與方向的服氣
法，一旦配合存思，是否面對日月、或是時間氣候是否合宜，便毋須特別注重。
如陶弘景所編纂的《眞誥・愶昌期第一》收錄數種服日月光芒法：

> 太虛眞人南嶽赤君內法曰：以月五日夜半時，存日象在心中，日從口
> 入也，使照一心之內，與日共光，相合會畢，當覺心暖，霞暉映驗。
> 東卿司命曰：先師王君昔見授《太上明堂玄眞上經》。清齋休糧，存
> 日月在口中，晝存日，夜存月，令大如環。日赤色，有紫光，九芒；
> 月黃色，有白光，十芒。存咽服光芒之液，常密行之無數。若不修
> 存之時，令日月還住面明堂中，日居左，月居右，令二景與瞳合焉
> 相通也。此道以攝運生精，理和魂神，六丁奉侍、天兵衛護此上眞
> 道也。〔註134〕

〔註133〕以上，詳見《上清握中訣》卷上，《正統道藏・洞眞部・本文類》冊4，P.253-2
至254-1。
〔註134〕以上，《眞誥・愶昌期第一》卷9，《正統道藏・太玄部》冊35，P.81-2、81-1。

前一條云夜半時存日象，雖言「服」，實則不必親眼對日，只要存思日象從口入心即能服之。而日、月的形象亦非肉眼所見者：從後一條可看到日爲赤色，射出九道紫色光芒；月爲黃色，射出十道光芒，此乃將日、月象徵化，成爲具有力量的圖騰；九芒、十芒除了陽數窮於九、陰數窮於十的意義外，應該也有簡化圖象以便存思的用意。至於所謂存思服日月光芒能令六丁天兵衛護，一方面可以視作修煉仙道乃神靈所欽贊喜悅之事，一方面推想也是服日月光芒令身體轉變得更具神聖性。

　　存思的發展運用不僅克服了服氣法講究外在環境之不便，原本是作爲服氣輔助、令服氣更爲具象的存思，其效力甚至取代了實際的服氣操作。既然不一定要面對眞實的日月來服氣，僅須透過存思操作，那麼要不要實際吐納呼吸，也就不再是行法關鍵了。載於《上清握中訣》卷中的服日芒法與上面《眞誥》的引文同出一系，雖小註有云「當以平旦東向，日中南向，哺時西向」，但實際上只需「直存心中有日象，大如錢，赤色，紫光九芒，從心上出喉，至齒間，未出齒而迴還胃中」。〔註135〕「直存」者，直接存想心中有日，連想像太陽進入身體都可以省略；而所謂的「服食日芒」，乃是由心上出至喉齒間，再從喉齒間進入胃中，整個服氣都在一身之內運轉，與外界無涉；可能存思時會配合漱嚥，此外一切操作全在想像中就可以完成。

　　服日月光芒可以「攝運生精、理和魂神」，然而若未親對日月吐納，只憑存思，到底攝進什麼日月光芒？何以日月可以和眼瞳合炁相通？六朝仙道身體觀以爲人之胚胎發生已稟九天之氣，上節所談吐納、胎息時也說體內本具先天元氣，可以自足。而人身體系正如縮小的宇宙，身中自有日月，依《老子中經・第三神仙》，雙目就對應日月；〔註136〕又，前引《上清大洞眞經・誦經玉訣》亦云「想左目出日，右目出月」。若然，人之一身始終連結、相應天地，只要知道方法、虔誠專注，即能修煉；不過，效用如何尚與心念專一之程度、體內精氣之多寡有關。

　　這種純以存思操作的服氣法於唐代仙道仍可見，標誌出仙道修煉的內化。唐代孫思邈兼擅道、醫，旁及佛教，所言調氣法即純是內在想像，不

〔註135〕《上清握中訣》卷中，《正統道藏・洞眞部・本文類》冊 4，P.263-2。此服日月芒法，亦見於《眞誥・協昌期第一》、《登眞隱訣・遜二》，文字詳略小別，引文取描述最爲完整者。

〔註136〕《雲笈七籤・三洞經教部・老子中經》卷 18，《正統道藏・太玄部》冊 37，P.299-2。

向外求：

> 作禪觀之法。閉目存思，想見空中太和元氣，如紫雲成蓋，五色分
> 明，下入毛際，漸漸入頂；如雨初晴，雲入山，透皮入肉，至骨至
> 腦，漸漸下入腹中，四肢五藏皆受其潤；如水滲入地若徹，則覺腹
> 中有聲汩汩然。意專思存，不得外緣。斯須即覺元氣達於氣海，須
> 臾則自達於涌泉。則覺身髀振動，兩腳踡曲，亦令牀坐有聲拉拉然。…
> 〔註137〕

引文中所言調氣沒有實際的服氣，只是操作存思也與服氣有同樣的效果，會
覺腹中因服氣而有聲；若元氣達於湧泉，甚至身體會自然震動，如此現象與
當代一些氣功如外丹功、自發功等當可互參。又，其攝取元氣不用與當下外
界時空相關聯，存思之景中，天地精氣均配合修行者，人身與天地連通無礙；
而且人身受納元氣的狀態，就如同山河大地接受雲雨滋溉，再自然不過。另
外要注意的，存思的觀想其實與佛教禪觀不同，後文還會談及。孫思邈或許
認爲此調氣法純在心中操作，其樣態類似禪坐，又與佛教禪修「不得外緣」
相似，故逕言「禪觀」。

　　即使六朝仙道已發展出將存思取代實際服氣的修練操作，《眞誥‧協昌期
第一》的服日芒法仍要求想像日芒在身體中依一定的路徑運行，不會直接從
心降至胃或通達四肢，而須先入喉齒，宛如眞的服食，才降至胃。意味著六
朝仙道有清晰的身體觀，修煉必遵循身體的功能系統。胃乃受納與消化的所
在，即使服氣、服芒仍舊由胃先來承納、運化，經過轉變的精氣如同煉過之
丹藥，方能爲人體接受，之後再送至五臟、全身發生作用。

　　除了服氣法加入存思輔助之外，仙道也會單用存思法保養精氣，最具代
表性的即是存思體內五臟精神。道教早期經典《太平經》已記載存思五臟：「入
室思存，五官轉移，隨陰陽孟仲季爲兄弟，應氣而動，順四時五行天道變化
以爲常矣。失氣則死，有氣則生，萬物隨之，人道爲雄。故立五官，隨氣而
興，天道因氣飛爲雄。眞人積氣，聚神明，故道終常獨行，萬民失氣故死。」
〔註138〕此處的五官當即五臟之神。天道變化有四時五行，不同的節令，所主
之氣便不同，故存思五臟須配合時序。存思自身五臟爲何與天道變化有關？
關於大小宇宙的相應，《太平經‧齋戒思神救死訣》這樣說：

〔註137〕《備急千金要方‧養性‧調氣法》卷27，P.483-1至483-2。
〔註138〕闕題，《太平經合校‧戊部》，P.309。

> 天地自有神寶，悉自有神精光，隨五行爲色，隨四時之氣興衰，爲
> 天地使，以成人民萬物也。夫天地陰陽之間，莫不被其德化而生焉。…
> 四時五行之氣來入人腹中，爲人五藏精神，其色與天地四時色相應
> 也。

「天地自有神寶」一段指天地間自有令萬物生化成長、賦予萬物精氣的中介
與材質，可說是以氣論來詮解《老子·51章》的「道生之，德畜之，物形之，
勢成之。是以萬物莫不尊道而貴德」，故說此中介「爲天地使，以成人民萬物」。
此一中介或材質其實就是天地中四時五行之氣，乃不斷與萬物交流循環的自
然之氣，《太平經》又稱之爲「神精」。經中將神精神格化，有形有象如人一
般：

> 此四時五行精神，入爲人五藏神，出爲四時五行神精。其近人者，
> 名爲五德之神，與人藏神相似；其遠人者，名爲陽歷，字爲四時兵
> 馬，可以拱邪，亦隨四時氣衰盛而行。〔註139〕

遊於天地之中則爲神靈，有名有字，驅逐邪氣；當神精入於人身，便形成體
內五臟神。五臟精神由天地神精而來，因之其形式、行止也常與天道變化相
應。所以李養正說：「人體內五臟神與四時五行神相類相通。這便是早期道教
所相信的『心神合一』論。…早期道教所相信的心神合一論，更吸取了陰陽
五行說，將人體五臟配木火土金水五德，認爲人體內外諸神因其五行屬性而
相類相通。」〔註140〕

　　既然五臟精神常與天道相應，爲何又需要存思？蓋「萬民失氣故死」，《太
平經·乙部·以樂卻災法》認爲人之所以患疾、衰亡，肇因於失氣：

> 夫人神乃生內，返遊於外，遊不以時，還爲身害。即能追之以還，
> 自治不敗也。追之如何？使空室內傍無人，畫象隨其藏色，與四時
> 氣相應，懸之窗光之中而思之。上有藏象，下有十鄉，臥即念以近
> 懸象，思之不止，五藏神能報二十四時氣，五行神且來救助之，萬
> 疾皆愈。男思男，女思女，皆以一尺爲法，隨四時轉移。〔註141〕

道教認爲人體內各部分皆有神居，神在身體康健，神去凶病降生。之所以失

〔註139〕以上，《太平經合校·戊部·齋戒思神救死訣》，P.292。
〔註140〕李養正：《道教概說·早期道教·早期道教的神學理論基礎》（北京：中華書
　　　　局，2001），P.50-51。
〔註141〕《太平經合校·乙部·以樂卻災法》，P.14。

氣，是因為人身之神遊於外，喻指人的感官、意識、精力往往投向外界，身體能量空虛，此相當於傳統養氣工夫論中，因體氣而動心或是因情志而放心的宗教性詮釋。精神投射於外本是生命活動不可避免的情況，然而「遊不以時，還為身害」，即沒有節制、沒有順天道變化而遊外，將造成生命的損耗，也就是生病的緣由：

> 真人問曰：「凡人何故數有病乎？」神人答曰：「故肝神去，出遊不時還，目無明也；心神去不在，其脣青白也；肺神去不在，其鼻不通也；腎神去不在，其耳聾也；脾神去不在，令人口不知甘也；頭神去不在，令人昫冥也；腹神去不在，令人腹中央甚不調，無所能化也；四肢神去，令人不能自移也。」

〈以樂卻災法〉以「神精，其性常居空閑之處，不居汙濁之處也」來解釋神精外遊，以汙濁和清淨相對立，要信徒樂處空閑之所，潔淨其心：「欲思還神，皆當齋戒，懸象香室中，百病消亡；不齋不戒，精神不肯還反人也。」〔註142〕懸象存思，即是以意念引導神返其宅。透過存思，一方面追還遊外之神「萬疾皆愈」，一方面也練習操控身神「自治不敗」。

依《太平經・乙部・以樂卻災法》的記述來看，當時的存思修煉通常配有所存思「神精」的圖像，修行者一邊看著圖像，一邊進行存思。而從「男思男、女思女」來看，經中存思神精以追還其身的方術並不涉及陰陽和合的觀念。既然具有「拱邪」、「追還身神」之功能，故「神精」表現為乘馬的一群神將，其形象「隨其藏色，與四時氣相應」，詳細作法見〈齋戒思神救死訣〉：

> 其法為其具畫像，人亦三重衣，王氣居外，相氣次之，微氣最居內，皆戴冠幘乘馬，馬亦隨其五行色具為。其先畫像於一面者，長二丈，五素上疏畫五五二十五騎，善為之。東方之騎神持矛，南方之騎神持戟，西方之騎神持弓弩斧，北方之騎神持鑲楯刀，中央之騎神持劍鼓。思之當先睹是內神已，當睹是外神也，或先見陽神而後見內神。〔註143〕

所繪存思之神像有三重服色，顏色須按照五行休王的規則。據（隋）蕭吉撰《五行大義》所云：

〔註142〕以上，《太平經合校・乙部》，P.27-28。
〔註143〕《太平經合校・戊部・齋戒思神救死訣》，P.292-293。

五行體休王者：春則木王，火相，水休，金囚，土死；夏則火王，
土相，木休，水囚，金死；六月則土王，金相，火休，木囚，水死；
秋則金王，水相，土休，火囚，木死；冬則水王，木相，金休，土
囚，火死。〔註144〕

如此便能了解《太平經・齋戒思神救死訣》中王氣、相氣的應用：若於春天
存思，則神像以木所對應的青色最外，其次為火所對應的赤色。〈齋戒思神救
死訣〉之「微氣」當即《五行大義》之「死氣」，故最內一層服色是土行對應
的黃色。推測「微氣」是「死氣」的理由有二：一、以春天木為王氣為例，
火、土二行與木最為鄰近，木所生為火，相氣也，木所剋為土，為死氣。二、
顏色分內外三重，由外而內理應循同一生剋方向，即木生火，火生土是也。《白
虎通義・五行篇》：「五行所以更王何？以其轉相生，故有終始也。木生火，
火生土，土生金，金生水，水生木。是以木王，火相，土死，金囚，水休。」
〔註145〕可知五行休王是進一步詮釋五行生剋而來，推展之邏輯便是以相生為
序。前舉《太上靈寶五符序・太清五始法》亦可佐證，其云服東方青牙提到
「思肝氣正青，赤神侍之，黃氣養之」，正合乎五行休王說春時木王、火相、
土死也。

　　為什麼同時要存思三重服色或三種五行之氣？本文揣想與五臟之間的生
剋平衡有關。五臟分五行，因此互有生剋影響，節令影響到的，不只是當令
的臟氣，也牽連到其他臟氣的盛衰，所以會一同存思以調理。這是否也是要
畫上二十五位神將（例如五臟各有五行休王的關係，五乘五得二十五）的原
因，還不得而知。至於存思的步驟，〈齋戒思神救死訣〉並沒有詳述，想為祕
傳，此云「亦須得師口訣示教之」。

　　《太平經》雖言存思五臟精神，但現存內容並未詳述身體內部的觀想。
早期道經真正描繪存思身中內景的，應屬《黃庭經》系統。經中所述五臟功
能、精氣運行等景況，就是提示存思之內容。存思可分為動靜兩個層次：靜
態者便是專注於人身某些部位，想像該部位神靈的形貌名字，藉由與身中神
靈的聯繫，強化器官的功能，如《黃庭外景經・常存章》云：「常存玉房神明
達，時念太倉不饑渴。」〔註146〕玉房可能指頭部的洞房宮或丹田宮，時常存

〔註144〕（隋）蕭吉：《五行大義》卷2，收入殷夢霞、王冠選編：《古籍佚書拾存》（北
　　　　京：北京圖書館，2003）冊2，P.183。
〔註145〕《白虎通疏證・五行》，卷4，P187-188。
〔註146〕《太上黃庭外景玉經》，《正統道藏・洞玄部・本文類》冊10，P.114-204。

思腦部之泥丸神,令神智通達;太倉爲胃之別名,時常存思胃部之神,可以
止飢而辟穀。單純靜態存思的記載較少得見,六朝所行存思法通常都具有動
態的想像,依照特定順序想像精氣遊走各處臟腑、種種運作變化。舉《黃庭
內景經・肝氣章》爲例:

> 上合三焦下玉漿,玄液雲行去臭香,治蕩髮齒鍊五方。取津玄膺入
> 明堂,下溉喉嚨神明通。坐侍華蓋游貴京,飄飄三清席清涼。五色
> 雲氣紛青蔥,閉目內眄自相望,使諸心神還自崇。〔註147〕

肝氣相應於五行之木,故其氣青蔥翠綠。此法配合身體吞嚥津液的感覺,在
嚥津的同時閉目內視,存思肝氣之走向與作用:先行至頭部與三焦會合,可
以使頭髮牙齒健康堅固;而吞嚥玉漿(津液)則會帶肝氣下行,下行順序從
玄膺(喉中)至明堂(喉下)、華蓋(肺)、貴京(心),讓肝氣與五臟五色之
氣相交滋養,則三帝(上、中、下三丹田之神)便沐浴於肝氣中而得清涼。

　　《黃庭內景經・瓊室章》則另以地理與氣候來比擬精氣在體內器官繞行
之境況:

> 長谷玄鄉繞郊邑,六龍散飛難分別。…但當吸氣錄子精,寸田尺宅
> 可治生。…專閉御景乃長寧,保我泥丸三奇靈,恬淡閑視內自明,
> 物物不干泰而平。〔註148〕

長谷一說指鼻腔,一說指穀道、大小腸;玄鄉應爲黑色之腎;郊邑說的是盤
繞於五臟六腑之體腔外沿。將外界地理氣候比擬人體內部,出入之精氣與腎
相通,猶如天之六氣流行圍繞五臟六腑周流不息。存思精氣流行於天地的圖
象,文中所謂「御景」是也。與上文談孫思邈存思調氣一樣,小宇宙類通大
宇宙,天道之運行同樣也在人體中進行,透顯出修煉符應天地的意義。至於
「內自明」或許是想像體內充滿精氣而光明徹照,亦可能是描繪存思修煉所
體證到,內視體內光明一片的境界。凡存思之法有所謂見身內或五臟光明徹
照者,都是希望透過身中充滿精氣,以達到袪除身中雜穢、轉化身體的目的,
而光明則是最便於想像的清淨狀態。

　　和後來上清派發展的存思服氣不同之特色,在於《黃庭經》另外標舉「恬
淡」,亦即主張不干外務、收視反聽,以恬淡的態度來進行修練;對於存思時
身體所起的變化,應該也要恬淡看待。經文「恬淡閑視內自明」呼應《莊子・

〔註147〕《太上黃庭內景玉經》,《正統道藏・洞玄部・本文類》冊10,P.112-1。
〔註148〕《太上黃庭內景玉經》,《正統道藏・洞玄部・本文類》冊10,P.110-1。

人間世》云「瞻彼闋者，虛室生白，吉祥止止」〔註149〕的心齋意義；《管子‧心術上》也說過「虛其欲，神將入舍。掃除不潔，神乃留處。」〔註150〕是以，「內自明」還可指稱虛而清明的境界。後來唐宋以下內丹學的修行方式分出修性、修命二條途徑，修性一脈主張修煉應回歸道家清靜無為，此種態度於《黃庭經》已然存在。

　　若問到道教存思五臟法與醫家觀念是否亦有交集？茲舉《老子中經‧第四十二神仙》為例：

> 常以庚申之日申時，被髮，西南首申地偃臥，縱體瞑目，念肺正白潤澤，光明中有芝草，莖大如小指，其中空而明，下與心相連，其中有青赤氣，上下交通，出心入肺之中，念之至下晡時止。肺者，人之天也；心者，人之日也。日氣上出如赤丹之精，未嘗有之時，人須得此氣以生耳，失此氣者則死矣。名曰自然之道，道通神靈矣。
> 〔註151〕

道教中言庚申日為三尸神上天向司命報告人之過失的日子，〔註152〕其實也就是天門開啓，天人交通的時候，於此日修煉存想，事半功倍。《老子中經》要修行者想像肺氣如金之白色，有中空芝草連通至心，其中有氣上下交通。言「人須得此氣以生耳，失此氣則死矣」，表示一般時候人的心肺同樣有精氣相通，故云「自然之道」。此一身體觀點可證之於《靈樞‧邪客》談宗氣：「五穀入於胃也，其糟粕津液宗氣，分為三隧。故宗氣積於胸中，出於喉嚨，以貫心脈，而行呼吸焉。」〔註153〕然則《老子中經》存思心肺間有氣相通，意在輔助人體宗氣之運行。

　　又，南北朝所出道經《上清黃庭五藏六府真人玉軸經》之存思五臟精神：「夫肺者，兌之氣，金之精，其色白，其象如懸磬，其神如白獸。肺生魄，化為玉童，長七寸，持杖往來於肺臟。」「常以七月、八月、九月望旭旦，西面平坐，鳴天鼓七，飲玉漿三，然後瞑目，吸兌宮白氣，入口吞之，以補咽

〔註149〕《莊子集解‧人間世》卷1，P.36-37。
〔註150〕《管子‧心術上》冊2，卷13，P.62。
〔註151〕《雲笈七籤‧三洞經教部‧老子中經》卷19，《正統道藏‧太玄部》冊37，P.315-2至316-1。
〔註152〕見《抱朴子‧微旨》：「又言身中有三尸，三尸之為物，雖無形而實魂靈鬼神之屬也。欲使人早死，此尸當得作鬼，自放縱遊行，享人祭酹。是以每到庚申之日，輒上天白司命，道人所為過失。」（《抱朴子內篇校釋》卷6，P.114）
〔註153〕《黃帝內經靈樞譯解‧邪客》，P.488。

之損，以正白用，以致玉童餕，則神安思強，氣全體平，百邪不能殃之，兵刃不能害之，延年益壽，名飛仙耳。」運用顏色、季節、方位等五行類象，及五臟藏神等觀念。此外，還將五臟氣行與醫家藏象系統聯繫起來，根據身心表現情況，運用六氣或補或瀉，宛如醫家診斷與治療：

> 肺合於大腸，上主於鼻。故人之肺有風則鼻塞也。色枯者，肺乾也。人鼻庠者，肺有蟲也。人之多怖者，魄離於肺也。人之體白點者，肺微也。人之多聲者，肺強也。人之不耐寒者，肺勞也。人好食辛者，肺不足也。人顏色鮮白者，肺無惡也。人大腸鳴者，肺氣壅也。…且肺者，秋之用事。秋三月，天地氣明，肅殺萬物，雀臥雞起，用安至精，公施抑怒攺息，兩相形長，秋之道也，逆之則傷肺。〔註154〕

引文「肺合於大腸，上主於鼻」、「人好食辛者，肺不足也」都與醫家之說相合；「秋三月」一段明顯攺自《素問・四氣調神大論》：「秋三月，此謂容平。天氣以急，地氣以明，早臥早起，與雞俱興，使志安寧，以緩秋刑，收斂神氣，使秋氣平，無外其志，使肺氣清，此秋氣之應，養收之道也。逆之則傷肺，冬爲飧泄，奉藏者少。」〔註155〕而六氣的數目恰好搭配五臟與膽，不過，當論及膽時，由於醫家對膽並無太多討論，是以此經之撰作者即自行發揮：

> 夫膽者，金之精，水之氣，其色青，其象如懸瓠，其神如龜蛇，化爲玉童，長一尺，戟其手奔馳於膽臟。…膽合於膀胱，上主於毛髮。毛髮枯者，膽損也。髮燥者，膽有風也。無懼者，膽洪大也。顏貌青光者，膽無他惡也。爪甲乾者，膽虛也。毛焦者，膽熱也。無事汨出者，膽勞也。好酸者，膽不足也。…夫膽乘陰之氣，秉金之精，故主於殺。殺則悲，故人之悲者，金生於水，目中墮泪。夫心主火，膽主水，火主辛，水主苦，所以人有弊者，即言辛苦，故爲水火二氣相背，則火得水而煎，陰陽交爭，水勝於火，故目氾出氾類也，苦而出，故名曰泪。夫悲啼號泣，其稱聲苦者，爲泪出於膽，而以苦爲詞也。膽水也，而主於陰；目明也，而主於陽。陰從陽，故從目出。常以孟月端居，正思北吸玄官之黑氣，入口九吞之，以補嘻之損，以食龜蛇之味，飲玉童之漿，然後神治體和，顚不能犯，邪

〔註154〕《上清黃庭五藏六府眞人玉軸經》，《正統道藏・正乙部》冊 57，P.502-2 至 503-1。
〔註155〕《黃帝內經素問譯解・四氣調神大論》，P.15。

莫之向，膽氣所致也。〔註156〕

引文關於膽的功能與相應，幾乎都非醫家之通說。《內經》並不言膽屬五行中何者，依第四章《黃庭內景經》論膽，膽屬木與火，而這裡卻說膽爲金之精、水之氣。又，醫家主張腎主水、膀胱與腎相表裡，《素問・六節藏象論》云肺之華在毛、腎之華在髮、肝之華在爪，〈宣明五氣〉中五藏化液是以肝爲淚，凡此諸般聯繫在醫家理論中皆不與膽相關，但《上清黃庭五藏六府眞人玉軸經》皆歸於膽。另外，由於只能用五方、五行去配置，於是膽之存思服氣亦用北方玄官之黑氣，不得不與腎重複，蓋取意於膽神如龜蛇，即北方玄武也。

　　以上存思內景的情況再次證明六朝仙道身體觀自立系統，與對身體認知進行的改造。醫家向來認爲人體自然知道如何運作，毋須意志加以干涉，人所能調整的是外在的行止，應符合季節氣候的變化。然而仙道的想法與醫家大相逕庭，主張透過存思，集中意念來導引身體精氣運行，使生命素質更加提昇。像是《老子中經・第四十八神仙》所言存思法便不僅是輔助身體運行，還意圖將人對自身外在肢體的控制延伸到身體內部：

　　　腎者，元氣之根也。常思腎間白氣上升至頭中，下至足心，十指之
　　端，周行一身中，十二遍而止，手足皆熱，可以不飢、不渴、不寒，
　　　令人不老，白髮復黑，兆常念行之。〔註157〕

這樣由頭部腦宮至足心湧泉、手指末梢的腎氣循行，或許改良自上節所談過的吐納行氣養生方術，但以存思的操作方式來推行體內元氣裨益己身。像這樣的存思法是讓人體內的精氣能更正確、更順暢地依照他們所相信的理想生命樣態來進行。

　　不過，醫家雖不藉存思修煉長生，某個程度上還是肯定存思法的力量。中唐以後所撰的《黃帝內經素問遺篇・刺法論》認爲疾疫乃是人身精氣失守，致使鬼神乘虛而入：「人虛即神遊失守位，使鬼神外干，是致夭亡。」此乃原始思維的民間信仰，但與現代醫學所說免疫力下降，才讓細菌、病毒有機可趁而生病，邏輯大同小異。既然得病是巫術方面的原因，那麼想要防止疾病也得用巫術處理之：

　　　欲將入疫室，先想青氣自肝而出，左行於東，化爲林木。次想白氣

〔註156〕《上清黃庭五藏六府眞人玉軸經》，《正統道藏・正乙部》冊57，P.506-1至506-2。
〔註157〕《太上老君中經》卷下，《正統道藏・太清部》冊46，P.236-2。

> 自肺而出，左行於西，化作戈甲。次想赤氣自心而出，南行於上，
> 化作焰明。次想黑氣自腎而出，北行於下，化作水。次想黃氣自脾
> 而出，存於中央作土。五氣護身之畢。以想頭上，如北斗之煌煌，
> 然後可入於疫室。〔註158〕

亦即要守住人身精神，使外邪難入，故爾藉存思五臟精氣從體內而出，相應五行化爲實質性的屛障，用以抵禦病疫。此處醫家運用了仙道的存思法，以意念指揮精氣，並且強化精氣的特性：在身體周圍依方位、顏色布下五行；加上北辰爲天帝之居、北斗乃掌司命，連結了天地的中心，這即是在身體周圍用象徵符號構成類似宇宙的神聖場域。在這種存思護身法裡，想必也蘊含了此身爲己所掌控的信念。

存思修煉，有點類似心想事成。氣是怎麼匯流至身、身中諸神是何形貌而坐鎮何處，存想得清楚就可以採納精氣、驅使諸神；但前提是想像的方式、步驟、形象都要正確無誤。存思的關鍵在於形象性與規範性，與道相應、天人感通在此不是抽象不可言說的境界，而是有詳細施工藍圖、施工步驟嚴謹的修煉工程。

道教存思的體內圖象並非物質臟器的現實樣貌。道教吸收醫家許多論述，絕不會不明白人體構造是何樣貌，但他們相信精神上、宗教上的圖象比現實物質樣貌更爲符合生命的眞相。只是一般人心神耗散、去原初之道遠矣，與神明隔絕，亦無法內觀。唯有透過修煉，鍛鍊心神、積累天地精氣，終能獲得與體內精神的感通，完全把握自身生命，而且實現或證明道經所述的體內景況。道教存思以求生命轉化，不是幻想自娛、懷抱信仰便罷，而是眞切地想要透過意念來統籌整合全身；人身也不是隔絕的、純物質身體，而是天人合一、與天地精氣感通的形氣神交融無間之身。

二、存思身神以天人感通

六朝道教相信身中有神，因爲精氣乃人結精孕胎時稟賦於天，精氣不僅分化、長成身體器官，也造出身中諸神。修煉存思除了令外馳之精氣回歸自守，或導引五臟、精氣運行，以求調養健康、祛邪療疾外，更具有溝通身神來重新認識、掌握及轉化身體的意義。《太平經》、《黃庭經》之後，存思身

〔註158〕以上，《黃帝內經素問遺篇・刺法論下》卷3，《正統道藏・太玄部》冊36，
P.380-1、379-1至379-2。

神的方法愈趨繁複，形成獨特的存思法術，而且成爲六朝仙道修煉方法的主流。

我們已知六朝服氣法，往往結合存思，想像藉身外之精氣或神靈助己修煉，存思法中象徵化的日、月、星宿等亦可以神格化。本文在此藉存思二十四星神爲例，說明存思身內、身外之法既相關又歧出，發展成不同的脈絡。東晉所出《上清大洞眞經・誦經玉訣》教人存思二十四星，星中各有一人皆如嬰兒之狀並裸體無衣纓，從虛空中降回繞一身之外，謂：

> 口吸二十四星一息炁，咽津二十四過，時覺吞一星從口徑至臍中；
> 又覺星光映照於一腹之內，洞徹五藏；又存星光化爲二十四眞人，
> 並口吐黃炁如煙，以布臍中，鬱鬱然洞徹內外，良久，用「呼」字
> 吐息。〔註159〕

這是要人採天上星宿之精氣充盈身中，精氣入於身中一樣化爲神靈，以示內外均同，便能讓星宿化身的二十四眞人吐氣以養丹田。在陶弘景《眞誥・協昌期第三》亦提到存思二十四神，不同的是，此神原在於人身，上中下各部中皆有八神：

> 三八景二十四神，以次念之亦可，一時頓存三八亦可。平旦存上景，
> 日中存中景，夜半存下景，在人意爲之也。

此八景二十四神，第四章已言及，乃身中二十四個主要部位所化之神，合併則是完整之人體，存思八景便是掌握一身，故《眞誥》引《苞玄玉籙白簡青經》云：「不存二十四神，不知三八景名字者，不得爲太平民，亦不得爲後聖之臣。」〔註160〕

二十四星神、八景二十四神，二者一在天上、一在體內，看似不同系統，出於晉世的《洞眞太上素靈洞元大有妙經・太上大洞守一內經法》則將之聯繫相通。此經認爲天上有三一帝皇元氣所分出的二十四氣結虛生成眞人：

> 太微天中有二十四炁，混黃雜聚，結炁變化，有時忽爾而分，覺然
> 而生也，化炁中生有二十四眞人，結虛生成，不由胞胎，皆三一帝
> 皇之炁所致，分道變化，託玄立景矣。

同樣的，修行者不須由天上採入星光，身中本有稟生來之元精所分化的二十四眞人：

〔註159〕《上清大洞眞經・誦經玉訣》卷1，《正統道藏・洞眞部・本文類》冊1，P.796-1。
〔註160〕《眞誥・協昌期第三》卷9，《正統道藏・太玄部》冊35，P.73-1。

> 復有二十四眞人，亦體中玄炁精靈所結而造致，分化而造萬也，若
> 雲軿既致，合炁晨景，以登太微，太微二十四眞人俱與身中神明合
> 宴於混黃之中，共景分於紫房之内，託形炁於千塗，迴老艾以反嬰，
> 改死籍於北酆，受長存乎帝鄉，出入玉清，寢止太微。〔註161〕

因此天上由元氣分化生出星宿之神，身中由元精分化出器官之神，人體即重
現了天地的造化。如前文所言，道教中認爲道通一氣、一氣分化，人身小宇
宙中的諸神與大宇宙的天地諸神本質無別，故當人修煉成仙，其表徵便是身
中二十四眞人與天上二十四眞人「合宴於混黃之中」——此即身中諸部位都
復歸混沌之元氣，自然就是「回老艾以反嬰，改死籍於北酆」。

　　由此而論，即便人的心智尚未明於天道，其身中之神仍是道的顯現，人
身本就具有修煉成仙的潛力，李養正即言：

> 早期道教認爲人體本身也是個小天地，是大天地的縮影。人體内也
> 有「君」和四時五行諸神，而且與天神是相類相通的。
> 這種人在天地中，天地亦在人體中；神在天上，神亦在體中；「天君」
> 在天庭，而「心」亦爲人體内之「君」，「念心思神，神悉自來到」
> （卷九十六），「專心善意，乃與神交結」（卷九十八）。〔註162〕

所以《老子中經・第二十六神仙》即說：「子欲爲道，當先歷藏，皆見其神，
乃有信，有信之積，神自告之也。」〔註163〕「歷藏」即是存思五臟。此經以
爲人若不知天道，就無法眞正有效修煉，如此思維是仙道中「知道」方能「得
道」的體現。然則何由「知道」？不用像煉丹術求之於外，觀察事物變化；

〔註161〕以上，《洞眞太上素靈洞元大有妙經・太上大洞守一内經法》，《正統道藏・正
乙部》冊 56，P.199-1。《上清太上開天龍蹻經・黃帝請問南君訣》卷 1 大約
出於漢末，言氣化流衍而生成天地，亦有天上二十四氣生人身二十四體的說
法：「三清天中玄、元、始氣，以三合五，化爲八景神，各生八方，而爲二十
四帝者。上爲三清二十四宮，紫虛仙府，降爲四梵，四八化生，各爲三界二
十四宮，普爲一天二十四氣内生人身二十四體。故此三元三部八景二十四帝，
帝各三元，元各五神，合爲三百六十神。…故生一天三百六十日，一月三百
六十時，一地三百六十名山，一人身中三百六十骨也。」「三元各有二十四帝，
上爲二十四眞，中爲二十四神，下爲二十四生。三元八景，品族生神，合中
九宮，八十有一，通生諸天八十一分，普生諸地八十一域，内生人身八十一
關節也。」（《正統道藏・正乙部》冊 56，P.711-1 至 711-2）但從玄、元、始
三氣合五行而化，可知乃是另外一套氣生化天地萬物的系統。
〔註162〕李養正：《道教概説・早期道教・早期道教的神學理論基礎》，P.49、50。
〔註163〕《雲笈七籤・三洞經教部・老子中經》卷 18，《正統道藏・太玄部》冊 37，
　　　　P.309-1。

人由道氣所生，身中自有神通於天，因此先要存思五臟，直到意識與五臟之神感通，自然會理解如何修煉。六朝道教的存思身神修練可說是依據意識能與神感通、身神與天神合一的雙重信念而開展的。〔註164〕

　　存思身神與內景之法以上清派爲大宗，上清派中三大法門，其一見於《上清大洞眞經》，爲存思三十九位尊神入身共化元氣，反覆出入己身，逐漸纏繞凝結，混成帝一君，此帝一君即爲道體，吐個風之氣入人身，使身變化。〔註165〕此種修煉帝一君的存思修行方式，可溯源至《黃庭內景經》及《老子中經》，即類似育養體內仙胎或眞人子丹。其餘二門，一是存思頭部九宮中的「雌一」，包括金華雌一洞房宮神太素三元君及其眷屬黃素中央元君、紫素左元君、右素白元君爲主，兼及「雄一」中央黃老君、左無英公子、右白元君；另一則是守三一——人身三丹田，上元泥丸宮、中元絳宮、下元丹田命宮之神，存思天上三元帝皇與我身中三元之神相合。關於上述上清派存思法門的論述，主要見於《洞眞高上玉帝大洞雌一玉檢五老寶經》、《洞眞太上素靈洞元大有妙經》。〔註166〕本節主旨不在全面介紹存思法門，但藉由對存思身神之探討，呈顯六朝仙道存思法運作的理路及特色。限於本文篇幅，此處且舉存思丹田守宮之神爲例。

　　存思丹田亦有存思三丹田或擇其一以存思等等不同方式。若以存思上丹田神爲成道眞諦者，陶弘景纂集早期上清派諸經訣而便於修行的《上清握中訣》卷下記載之〈蘇君傳行事訣〉所述最爲精要：於立春之日夜半，先存想兩眉間最淺的「守寸」中，左邊青房之神，右邊紫戶之神，手並執流金鈴，三呼其名而祝禱；其次存想再深一層的「明堂」中，左有明童眞官、中央有明鏡神君、右有明女眞官；再存想更深的「洞房」中，左有無英君、右有白元君。〔註167〕訣中對於「明堂」中明鏡神君的描述尤爲仔細，這部分的存思

〔註164〕還可參石田秀實：《氣‧流動的身體》，P.178。
〔註165〕參《正統道藏總目提要》0006條，P.11-12。
〔註166〕參《正統道藏總目提要》1301、1302條，P.1272-1274。關於上清經系中三種主要修持法門的內容，還可參蕭登福著：《六朝道教上清派研究‧試論道教內神名諱源起——兼論東晉上清派存思修煉法門》，P.175-182。
〔註167〕梁丘子注《黃庭內景玉經註‧靈臺章》：「《大洞經》云：兩眉間…卻入一寸爲明堂宮，左有明童眞君，右有明女眞官，中有明鏡神君；卻入二寸爲洞房，左有無英君，右有白元君，中有黃老君；卻入三寸爲丹田宮，亦名泥丸宮，左有上元赤子，右有帝卿君；卻入四寸爲流珠宮，有流珠眞神之；卻入五寸爲玉帝宮，有上清神母居之；其明堂上一寸爲天庭宮，上清眞女居之；洞房上一寸爲極眞宮，太極帝妃居之；丹田上一寸爲玄丹宮，中黃太一眞君居

是此術的重點：

> 頭形並如嬰兒，著綠錦衣，腰帶四赤玉鈴，口銜赤玉鏡，長跪坐向
> 外，口並吐赤炁，貫我身令匝，及閉目微咽之。又使鳴玉鈴，吐鏡
> 赤光萬丈，須臾赤炁繞身，變成火，燒身內外，同光如一。因三呼
> 名字，叩齒九通。〔註168〕

道經中身中神的形象往往面如嬰兒，以呼應復歸嬰兒、生命初始與道相應的
先天狀態；也含有返老還童、長生不老的意象。此處所服嚥之氣不來自外在，
而是由身中神靈所吐，也就是這套法術純然相信身中神靈的威力，呈現仙道
存思法「人身自有道，不假外求」的信仰。再者，此處存想貫繞全身的赤氣
變爲火，將全身內外燒徹，乃表現全身充滿精氣後進行轉化的過程。用火而
非用水來轉化，顯示仙道對於光明、陽神的崇拜。存火焚身是六朝仙道存思
常用之法，如：

> 又夜恆存赤氣，從天門入周身內外，在腦中變爲火以燔身，身與火
> 同光，如此存之，亦名曰「鍊形」。（《神仙傳・王眞》）
> 道士有疾，當閉目內視心，使生火以燒身及疾處，存之使精如髣髴，
> 病即愈。於痛處存加其火，祕驗。（《正一法文修眞旨要・服食忌并
> 治病法》載鳳剛口訣）〔註169〕

雖是存思而生火，但火必有其來源，以示其力量。《正一法文修眞旨要・服食
忌并治病法》的火用五臟相應五行的概念，故內視屬火之心而藉其臟氣生火。
《神仙傳・王眞》之火由天上赤氣入於腦宮，經腦宮轉變而來；〈蘇君傳行事
訣〉之火亦由腦中明堂宮明鏡神君所吐赤氣所化，二者或承自相近之法脈。
焚身燒疾與〈蘇君傳行事訣〉、《神仙傳・王眞》的焚身煉形邏輯類似，而後
二者更爲徹底，是用神聖之火燒毀身體中濁穢的部分，直到全身都融合於赤
光赤氣，也就不再具有世間凡人形而下之軀。本文之前已討論過，焚身煉形
可能淵源於煉丹術，取其淬鍊還丹的意象。

　　而存思身神時的呼名祝禱，有喚起身中神與意識溝通連結的意思，且名

　　之：流珠上一寸爲太皇宮，太上眞君居之。」（《正統道藏・洞玄部・玉訣類》
　　　冊11，P.209-1至209-2）
〔註168〕以上，詳見《上清握中訣》卷下，《正統道藏・洞眞部・玉訣類》冊4，P.267-1
　　　至267-2。
〔註169〕以上，分見《神仙傳校釋・王眞》卷6，P.189-190；《正一法文修眞旨要》，《正
　　　統道藏・正乙部》冊55，P.39-2。

稱亦具有力量，此乃巫術重要原理。明童眞官、明女眞官形象爲一男一女，加上一名玄陽，一名微陰，代表人身中陰陽相對相成的力量不言可喻。守寸中的青房之神名「正心」、紫戶之神名「平靜」，頗有修行需以正心、平靜爲入門的意味。明堂中的明鏡神君名照精、字四明，則寓含鑑照事物之意，讓人聯想到《莊子・應帝王》：「至人之用心若鏡，不將不迎，應而不藏，故能勝物而不傷。」〔註170〕提點修行者的心態，尤其是要鑑照身中能令生命藉以生存活動、甚且轉化提昇生命的「精」。不過，存想中呼喚的神名對修行者來說並不只是提示修行的象徵意義而已，道教相信此乃眞切存於頭部的神靈，可以說以存思法修煉，需要「神而明」的智識爲能存思之主體，而腦中或身中所居之「神明」爲所存思的對象，然則存思法之能思、所思其實一體兩面。仙道在此處將修煉應有的心理或生命特質神格化，身中之神同時也象徵天道賦予生命之德，蘊含著生命若循本有之德而修行，即可能歸返於元氣、合於大道而成仙的深意。

　　至於三丹田一併存思之例，可舉《洞眞太上素靈洞元大有妙經・太上大洞守一內經法》所說存守三元眞一法術。三元者將身體分爲上、中、下三部，三處主宰各有職掌：上元丹田泥丸宮鎮守「泥丸、面、目、口、舌、齒、兩耳、鼻上所居之宮，毛髮之境」，中丹田絳宮鎮守「筋骨、五藏、血肉之境」，下丹田命門宮鎮守「四支、津液、骨髓、百竅、腸胃、膀胱之府」。所謂三元是身體三大部分的中央。此經看身體並非以位置的上中下來分，而以頭爲一大部分，身體內部的五臟、血肉、筋骨爲一大部分，其餘六腑、四肢、津液骨髓與體表百竅爲第三部分，由此又可印證仙道對身體的獨特觀點：即五臟、筋骨、血肉是屬於身體的基本組成；其他部分則是後來生成，像是六腑輔助五臟，四肢爲軀幹之延伸；而上清一系對意識所在、操作存思的頭部尤爲重視，是以獨立一部。

　　雖三部中各有諸多器官，卻毋須一一存思各部諸神，蓋此經已將諸神功能整合，只需存思三丹田中主、輔之神。此經所言上丹田位在比「明堂」、「洞房」更深一層的泥丸宮，其中有泥丸天帝赤子：

> 上元赤子居在泥丸宮中，華蓋之下。泥丸天帝上一赤子，諱玄凝天，字三元先，一名伯無上，一名伯史華，位爲泥丸天帝君，治在上一宮，其右有帝卿一人坐相對，是我齒舌腦之精神昇化而忽生也，上

一爲帝卿君，諱肇勒精，字仲玄生，一名起非，一名常扶。
輔神與主神的來源不同，前者爲身中器官之精氣、後者爲身中稟賦、連通天上之精氣。如上元輔神是頭部重要器官齒舌腦等之精神所化，乃形成人身器官後才化生；而上元主神則是生命之初即在，稟天上天帝之氣而同在，故號爲「天帝」、名爲「玄凝天」，又頭爲三元之首要，故字「三元先」。

類似的情況，中丹田之神爲丹皇君，可能襲自傳統心爲君主的觀念：

> 絳宮心丹田宮中，一元丹皇君處其中。中一丹皇，諱神運珠，字子南丹，一名生上伯，一名史雲拘，位爲絳宮丹皇君，治在心宮。其右有輔皇卿一人，是五藏之精神合炁結化而忽生也，入絳宮爲輔皇中卿，諱中光堅，字四化靈，一名幽車伯，一名董史華，此二人共治絳宮心中。〔註171〕

其輔神輔皇卿爲五藏之精神結化者，不過從其字「四化靈」，推想其實只有肝、脾、肺、腎四臟之精氣，心之精氣則同於天上丹皇君。丹皇諱字也透露其中意義：名「神運珠」可知是指心意識之心神推動精珠運轉，表示意念導引精氣運行；字「子南丹」或許挪用自六朝初期道經中常見的體內眞人子丹。丹者赤色，南方爲火，名字甚符合心絳宮的屬性。

下丹田命門宮之神名爲始明精，字元陽昌，與《老子中經》的說法相似，明顯就是先天元精的神格化；命門的輔神保鎮弼卿則是生殖器官的精氣所化，與黃庭元王相對照，前者用於生人，後者用於成仙：

> 命門下，一黃庭元王處此宮中。下元嬰兒，諱始明精，字元陽昌，一名嬰兒胎，一名伯史原，位爲黃庭元王。其右有保鎮弼卿一人，是陰莖精炁白珠津液之守神，乃結精迴煙昇化而生，忽然成人，位爲弼卿也，入在丹田宮弼卿，諱歸上明，字谷下玄，一名奉申伯，一名承光生。此二人共治丹田下元宮中。〔註172〕

稱爲黃庭元王，一名嬰兒胎，是襲自《黃庭經》的系統。但如此一來把原屬脾胃區域之「黃庭」移到下丹田命門位置。爲何會有此更置？命門爲生命初始藏精之處，黃庭爲孕育仙胎煉丹之所，二者功能實相映照，且位於脾胃的

〔註171〕《洞眞太上素靈洞元大有妙經・太上大洞守一內經法》，《正統道藏・正乙部》冊56，P.201-1

〔註172〕以上，均見於《洞眞太上素靈洞元大有妙經・太上大洞守一內經法》，《正統道藏・正乙部》冊56，P.200-2 至 202-1。

黃庭又過於靠近中丹田絳宮，故而本文推測因此取消了原本黃庭的功能，直接與命門合併。這也意謂仙道中以脾胃為重的修煉系統被以命門為重的修煉系統所取代。〔註173〕

〈太上大洞守一內經法〉說三丹田中的主神乃「炁結為精，精感為神，神化為嬰兒，嬰兒上為真人，真人昇為赤子，此真一也」〔註174〕，由氣而精而神，乃第四章討論過的道教認為生命形成的順序，天地之「氣」凝結為生命原初之「精」，由「精」來啟動發生生命，遂構成生命整體樣貌，所謂「神」也。當然，在道經中，「神」確確實實是具有形象的神靈。由嬰兒上為真人，真人昇為赤子，是身中神的層級逐漸提昇，也是生命層次從生理至心理、臻至精神完全感通於天的進化。

存思影響遍於當時仙道體系，還與其他修煉法、方術，乃至宗教儀式皆有所關聯、交涉，延伸形成存思法多種樣貌之運用。上節已看到存思法中亦可能涉及房中術以求陰陽調和，然而上清派基本上禁止實際的性交，所以存思身神中另有解決之道，和仙道的服食發展出服氣法類似，變成一種「虛化」的性交法。〔註175〕《太上玉珮金璫太極金書上經‧玄真洞飛二景寶經》的存思之法前半段服日月芒，類前文存思服氣所舉之例，只是存日月在身體外，僅光芒如弦而入口；後半則存思日月中有玉女口吐氣液盡入我口：

> 又存日月中央有女子，頭巾紫巾，朱錦帔裙，自稱太玄上真丹霞玉女，諱纏旋，字密真，口吐赤氣，彌滿日月光芒之間，令與芒霞並注，盡入我口，我咽之，存女亦口吐之，行之九十咽畢。存覺令日月之景，親薄我面上，令玉女之口置我口上，使氣液來下，入於口中，…〔註176〕

與《黃庭經》漱嚥的作法相比，多出玉女顯然含有陰陽調和的意象。此經相信，存思玉女親傳氣液而行之咽津，要比單純服氣咽津來得有用。以存思神

〔註173〕林永勝認為，存思的部位從早期受醫家身體觀影響而建立的五臟神系統，轉變為以上中下三丹田為核心的三宮系統，並在與戰國秦漢時流行的三一信仰結合後，在六朝道教中產生三一之說的修煉傳統。參氏撰：〈六朝道教三一論的興起與轉折——以存思法為線索〉，《漢學研究》第26卷第1期，P.67-102。
〔註174〕《洞真太上素靈洞元大有妙經‧太上大洞守一內經法》，《正統道藏‧正乙部》冊56，P.200-2。
〔註175〕可參龔鵬程著：《道教新論（二集）‧道教的性質》，P.41-43。
〔註176〕《太上玉珮金璫太極金書上經‧玄真洞飛二景寶經》，《正統道藏‧洞真部‧本文類》冊2，P.547-2至548-1。

靈的陰陽合氣、相交來代替實際的行為，去房中術已遠，蓋存思與玉女合氣，較為簡便易行，又可以不涉感官情欲；〔註177〕而且存思玉女來合氣，更符合天人相合的思維——諱纏旋，字密真，喻意精氣的形象化——然則有形象之神靈豈非比無形象之精氣更容易把握！天道不再虛無縹渺，落實而化身為神靈的形象。存思外在之神靈者，其目的大抵如此。

〈玄真洞飛二景寶經〉續云：「太玄玉女將下降於子，與之語話，太玄玉女亦能分形為數十玉女，任子之驅使也。此積感結精，化生象見，精之至也，感之妙應也」〔註178〕。所謂「積感結精，化生象見」就是存思日久，天地精氣乃依其存思而積累，在自身中從無形無象凝聚成為有形有象。藉由充足的能量與適當的運用方式，讓自身之精神與天地精氣所化之神祇感通相應，正是存思身神法的要義所在。「積感結精，化生象見」恰可作為體內臻於「神明」方可長生的宗教性解釋。道教所謂「神明」是神祇，同時也可表示清明之智識，因此存思修煉到讓體內神明現形，正雙關著清明心境透過道經教導而習得的對身體內外正確的理解，以及修煉得法令神靈精氣入身充足而「結精感神」，才能夠相應於道所化現的大、小真實宇宙。

各類存思身神法中關注的神靈略有不同，但均是道、元氣、日月、星辰等先於或同於宇宙存在的神格；抑或是道教信仰中職掌生死壽夭命運之有司。且舉《上清握中訣》卷中「守玄丹法」的太一真君為例，說明六朝道教神靈在身內、身外的性質。此法請上清中黃太一真君臨身。請神之前，先有北斗紫氣充身，並且迎來日象，等玄丹宮中環境足夠神聖完備，方可想像真君駕臨：

> 去諸思念，先存北極辰星，出一紫氣如弦，來下入玄丹宮，須臾滿宮溢出，外匝身，通洞與紫氣合體。又存日忽飛來入宮，在紫氣中晃晃然，乃存上清中黃太一真君，從北極紫氣中來，入日中坐，服色名字把執，悉如前。因三呼位號名字。忽存我入在太一前，再拜

〔註177〕然至唐代，房中術仍有配合存思者，如孫思邈所述：「仙經曰：令人長生不老。先與女戲，飲玉漿（玉漿，口中津也），使男女感動。以左手握持，思存丹田中有赤氣，內黃外白，變為日月，俳佪丹田中，俱入泥垣，兩半合成一團，閉氣深內，勿出入，但上下徐徐咽氣。情動欲出，急退之。此非上士有智者不能行也。」（《備急千金要方·養性·房中補益第八》卷27，P.489-2）

〔註178〕《太上玉珮金璫太極金書上經·玄真洞飛二景寶經》，《正統道藏·洞真部·本文類》冊2，P.547-2至548-1。

稽首，問道求仙。因乃咽紫氣三十過，咽液三十過。又存北斗魁中，

出一赤氣如弦，直入來玄丹宮。於是眞君與我，共乘日入行赤氣道

中，上詣魁中寢，注想令分明，於是仍以寢，即有眞感。其非夕時，

亦當但存太一在玄丹宮，并出紫氣以繞身，及咽之也。…〔註179〕

迎請眞君來問道求仙後，也隨眞君共乘日順赤氣入於北斗魁星中就寢。《黃庭內景經·脾長章》有句「可用存思登虛空」，可見想像自身登天，是六朝時存思修煉常用者，只是未必如此複雜。存思自身精神於夜間常居於天上北斗中，日間則存思太一眞君常鎮於玄丹宮，就等於晝夜意識都與太一眞君相應，在大、小宇宙中修行。

　　玄丹宮是腦部九宮之一，據《洞眞太上素靈洞元大有妙經·太上道君守元丹上經》：「玄丹宮在丹田之上，正方一寸，紫房綠室，朱煙滿內，其中有泥丸太一眞君，治玄丹之宮。太一眞君貌如嬰兒始生之狀，坐在金床玉帳之中，著紫繡錦衣，腰帶流火之鈴（流火之鈴者，無質而赤光，動之聲聞十萬里，蓋上清中太一眞人之寶鈴也），左手把北斗七星之柄，右手把北辰之綱（北辰者，北極不動之星，謂之爲辰綱也），正坐玄丹宮向外，左右無侍者，所以名之爲太一眞君也。」〔註180〕玄丹宮中鎮守的泥丸太一眞君與天上北極的上清中黃太一眞君同名，當時雖尚無「理一分殊」的哲思見解，但道教中向來認爲道通一氣、一氣分化，故坐落在人身小宇宙的玄丹宮太一眞君與大宇宙位於北極的上清太一眞君無二無別。

　　此處所召請的中黃太一眞君何神耶？《楚辭·九歌》有「東皇太一」，《莊子·天下》云「建之以常無有，主之以大一」〔註181〕，《淮南子·詮言》：「洞同天地，渾沌爲樸，未造而成物，謂之太一」〔註182〕，是「太一」在戰國末至漢初已逐漸定型爲形成天地萬物之本源。經過神格化之後，《史記·封禪書》載亳人謬忌奏祠太一方，曰：「天神貴者太一，太一佐曰五帝。」《索隱》引宋均言：「天一、太一，北極神之別名。」〔註183〕可見漢時方仙道以太一爲最高神，居於北極星。六朝道教承接其信仰，如陶弘景《眞靈位業圖》第四神

〔註179〕《上清握中訣》卷中，《正統道藏·洞眞部·玉訣類》冊4，P.257-1。

〔註180〕《洞眞太上素靈洞元大有妙經·太上道君守元丹上經》，《正統道藏·正乙部》冊56，P.192-2193-1。

〔註181〕《莊子集解·天下》，P.373。

〔註182〕《淮南鴻烈集解·詮言訓》卷14，P.463。

〔註183〕《新校本史記三家注·封禪書》卷28，P.1386。

階右位列有「太一中黃」〔註184〕。若據唐代所出《太清中黃眞經・釋題》:「中黃者,中天之君也」、「中黃者,九天之尊」〔註185〕,則此處中黃太一眞君即居於中天北極之神,許是道或元氣的神格化。如此說來,「守玄丹法」就是重新建構腦中太一眞君和上清中黃太一眞君的連結,亦即重新建構人身小宇宙與天地大宇宙的連結。

以上所舉存思身神之法,如果對照服氣法的採納天地精氣於己身,二種修煉法的理路都可說是「假外以修內」,並無太多差異,只是存思之法採取的手段更爲巫術化、形象化。可以推想當存思與服氣結合後,存思身神的理路逐漸發展,遂從身中神聯繫到身外,又改吸納天氣入身爲存思天上神靈降臨己身等等,此類繁複的存思法乃在六朝仙道中漸次發展完成。

存思身神之法在六朝仙道中的發展還走向由身中神登天、然後再回歸自身的動態過程,目的仍是要臻於溝通天地。前引《洞眞太上素靈洞元大有妙經・太上大洞守一內經法》不只是存思三丹田神靈,另在立春、立夏、立秋、立冬之日,想身中三丹田六神登臨北斗七星,達於「天關」而止。登臨天關云者,可見於東漢末至魏晉間所出的《洞眞上清開天三圖七星移度經・移死度生保仙上法》,言「天關者,是九天之生門也」,「眾眞之所經,神仙之所歷,學者之所由也」,「得披三關,便得上登金闕,遊宴玉清也」。謂學道者若欲不死登仙,必先通過天關,向仙眞投玉札送名,上書某君縣鄉里男女生王甲,年若干歲,某月生,字某甲等,「凡學之人而不知披天之關、奏簡記名之道,萬亦無成也」〔註186〕。《洞眞太上素靈洞元大有妙經・太上大洞守一內經法》省略扣關投札之存想,天關也轉化爲北斗中的星宿名,但令身中六神建構身體與北斗的聯繫後,即從天關回歸自身:

> 存天關星,令去口七尺,星令對口前,三一入我三宮中。都畢,乃精念眞一各安所在,坐臥思之在心,心有所願,事事心啓之,所求者亦心啓求之。存思唯令靜寂,靜之寢室,畫日亦可存思。〔註187〕

〔註184〕《洞玄靈寶眞靈位業圖》,《正統道藏・洞眞部・譜錄類》冊 5,P.26-2。

〔註185〕《雲笈七籤・三洞經教部・太清中黃眞經》卷 13,《正統道藏・太玄部》冊 37,P.249-2、250-1。

〔註186〕《洞眞上清開天三圖七星移度經・移死度生保仙上法》卷上,《正統道藏・正乙部》冊 56,P.258-1、259-1。

〔註187〕《洞眞太上素靈洞元大有妙經・太上大洞守一內經法》,《正統道藏・正乙部》冊 56,P.204-1。

於四節氣行此法後，一方面依本經所述之形貌、職掌，時時存想三丹田中主、輔神各安其位；另一方面讓天關星常在口前，似乎是作爲服氣的存思對象，令日常的呼吸隨時都能採納星氣。

　　大抵隨著文化、思想的交匯，人的想像愈趨複雜；而且巫術的發展也總是從簡單走向繁複，以增其深度與神祕感，獨特性與專業性。如同動態存思的比例遠高於單純靜態存思一般，內景、外境兼具或體內、體外神靈互通的存思之法也勝過僅存思內景的修煉法，成爲六朝存思法的大宗。六朝以下，道教存思法演繹愈多，而其儀式與內容也愈加繁瑣。

　　約撰作於南北朝的《上清祕道九精回曜合神上眞玉經》所述的存思身神法可以作爲存思法發展到頂峰的一個代表。經文雖短，儀式卻包含前述大部分修煉模式，有存思納氣、腦宮、身神、孕胎、上天、降神等，層層進遞缺一不可。其法乃利用存思修煉出身神，遊行北斗，向司命仙眞乞求長生。這種存思途徑並非少見，但本經另言須先在中秋夜觀察夜空中的流星或異色光氣，以意招引吸入雙目瞳子中，然後存想兩瞳化爲日月，昇入眉中卻入一寸的明堂，於其中日月交媾，有精如五色溫熱流膏。經文特別提及，「亦當自信有流精焉」，是以信念鞏固存思。之後暫時不必再行存思，「當不由意，得自見五色流精，孕育一玉嬰兒，大如蓮子心，其名無上眞玄，了然見之」。孕育出玉嬰在內視中了了分明之後，心中先想像北斗九星輝耀空中，由明堂中升起紫氣上接斗杓，形成通天的橋樑，讓雙目瞳神現形扶持太一玉嬰，自己與玉嬰先從腦中明堂昇至其上方的天庭玉眞舍，由此處離體，當覺腦中天庭宮小癢。既登紫氣而上北斗見帝君，書錄生名、刪除死籍，然後太一玉嬰坐帝星中，「忽乘斗九星擲空而下，赤光紫霧暎合兆身」，即北斗九星隨太一玉嬰降回自身，分居兩乳與面上七處，祝禱曰：「太一至眞，扶接雙瞳。九星上帝，聽命玉宮。溢旋一形，天地等同。即命小兆，登駕飛龍。赤烏裒衣，擊鼓伐鍾。混存無形，長存不終。」如此才算完成一回修法。此法九日就施行一次，行之百日，若「夢物五色，或雉類，即太一宮太一上帝，下降兆身」。最終修煉九年則大道成。〔註188〕

　　存思法以北斗爲對象，自與魏晉時「北斗注死，南斗注生」的信仰有關，若要免除死亡，需在北斗司命錄籍上銷名。六朝仙道中的北斗信仰，體現得

〔註188〕以上，詳見《上清祕道九精回曜合神上眞玉經》，《正統道藏‧太玄部》冊34，
　　　　　P.72-1 至 73-2。

最複雜完備者，是東晉上清派早期經典《洞眞上清開天三圖七星移度經》，經中〈帝君豁落七元符〉言「天有開關，地有酆都，開關統神，酆都主鬼，此是二帝，主應乘生死，係由七星之紐機」，求仙者一方面要斷絕死門，一方面要開啓仙門。同經〈移死度生保仙上法〉載玉帝常以壬寅、丙寅、甲子、甲午、辛未、辛丑等天之六會日，使侍仙玉郎校定東華青宮金格玉名，學仙之錄，「有勤志上徹，感啓玉皇者，即命北帝酆都六宮斷絕死錄之根，記生錄於人門，移七星加於鬼門，度玄樞，披天關」。故當存思北極七星之神，並隨身佩帶北帝豁落七元符，〈帝君豁落七元符〉亦言可令「七星移而度之，北帝無六宮之名，開關有記仙之籙，玄斗廕以華蓋，七元授以豁落，去仙之路，近在咫尺」，〔註189〕即是身不受死籙，能自主而轉移北斗。從移七星、度玄樞的意象想來，六朝道教應是觀察到北斗七星繞北極而移轉，恰好對應自然界一年四季循環規律，故相信北斗乃天道運行之樞紐，主萬物生長收藏之開關——對北斗之信仰或取意於此。

　　據《上清祕道九精回曜合神上眞玉經》的例子可以觀察到，六朝道教中所謂修仙而不死，並非只要一個人的身心轉化完成就足夠，仍舊牽涉到掌理世間的神靈信仰。有趣的是，雖然看似向司命乞求長生，但實際上卻是在役使司命——爲了讓過程一如所願，所存想的諸神一概略去了人格，彷彿聽命從事的傀儡。

　　再者，如果眞的上升北斗就能落籍銷名的話，又爲何需要九日一行，直到九年才道成呢？可見存思之法雖然希冀達到心想事成的效果，但修行者並非眞的如此天眞。修煉需要虔誠專一，行常人所不能行，唯有日積月累才有可能讓存思身神的力量眞正發揮出來，亦即有朝一日眞的能夠役使司命，銷落死籍。眞的要役使司命，除了想像銷落死籍之外，最後步驟的九星臨身同樣不可或缺，此乃建立自身與北斗司命的關連，存想最後達到的境界是自身即有九星，通於北斗星神，這也是該經名稱中「合神」的意義。當司命的九星能任己役使，也就可以跳脫死亡。

　　後世的內丹學認爲眼睛屬火，以眼內視身體，即是於爐鼎點火；不過，眼神之運用並不是在內丹學才出現，六朝仙道修煉運行精氣往往靠內視引導。爲何眼睛如此重要？《陰符經》云：

〔註189〕以上，分見《洞眞上清開天三圖七星移度經》，《正統道藏・正乙部》冊56，
　　　　P.256-1、261-2、256-1。

心生於物，死於物，機在於目。〔註190〕

講到心於對象之好惡臧否，都是透過眼睛之觀察，心應之而抉擇。《靈樞‧大惑論》則有：

目者，五藏六府之精也，營衛魂魄之所常營也，神氣之所生也。…
目者，心使也。心者，神之舍也。〔註191〕

顯然眼睛有神，反映的是臟腑之精氣，也是心神之所投向。由是即知醫家與六朝仙道對於眼睛早有關注。在《上清祕道九精回曜合神上眞玉經》中多處用到眼睛：招引的星氣就宿於雙瞳；星氣化爲日月在明堂交媾、甚或引領玉嬰上昇北斗，也都是靠眼睛的引導，只是在經中描述瞳子會形象化成太眞、一眞之身神。眼睛在修煉過程中如此關鍵，其實是相當自然的，蓋大多數人以視覺影像作爲認識世界的主要依據，當我們描繪幻想中的場景或者要觀察身體內部，影像的資料最多，建構起來也最方便。因此，即便是閉目在腦中想像身體內部，或著感覺身體內部的運作，我們也很容易認知爲這是眼睛朝內觀看。

　　《上清祕道九精回曜合神上眞玉經》孕育太一玉嬰的作法令人憶起《老子中經‧第十二神仙》於胃館中存思養育的眞人子丹，及《黃庭內景經‧呼吸章》云「結精育胞化生身，留胎止精可長生」。二者六朝道教早期道經皆存思吞嚥入腹之精氣來哺育仙胎，精氣凝聚，逐漸形成可以成仙的化生身。《上清祕道九精回曜合神上眞玉經》不行漱嚥、服氣，而是利用存思星氣交媾在腦中來孕育太一玉嬰。從《老子中經》、《黃庭內景經》到《上清祕道九精回曜合神上眞玉經》，存思身神所用之素材、步驟與部位雖異，但表示六朝仙道已有修煉仙胎或化生身之法。在身中養育之過程與存思結出之神仙形象，即是後世內丹學哺育元神的前身，只是尙不以「元神」稱之而已。

　　《老子中經》的存思法顯得直接，並不交代眞人子丹如何出現，是本來就在身中；相較之下，《上清祕道九精回曜合神上眞玉經》的太一不是直接存思體內之神，尙需外在之星氣交媾流精而孕育，透過孕育過程使身中的太一玉嬰更具實質；天上星氣賦予身中太一玉嬰連結內外、遨遊太空的性質，以使飛昇北斗更爲順利。爲何《上清祕道九精回曜合神上眞玉經》不直接存思體內元氣孕育玉嬰，就是因爲在這一整套存思的修煉中，修道者相信這個玉

〔註190〕《黃帝陰符經注》，《正統道藏‧洞眞部‧玉訣類》冊4，P.33-2。
〔註191〕《黃帝內經靈樞譯解‧大惑論》，P.603-604。

嬰是貨眞價實的存有，是實實在在地採自外在的星氣而在明堂中孕育的，似乎此經認爲存思修煉之中仍需要有某種眞實的、來自天地的憑藉。

本節所述道經之修煉途徑，總的說來，都可謂重新建構人身與天的連結，完成會通天人之目的。不過，《上清祕道九精回曜合神上眞玉經》更加強調身內與身外的緊密連結。也可以說，後者隱隱焦慮於單靠存思，人身是否眞能與天道相合？所以透過納入精氣、自然結胎、出神祈天、九星合神、百日夢兆、九年道成等手續保證天人相合的必然。

通常以存思身神來修煉，當先諳識所要致見諸神姓名、位號、衣冠形象，認準記熟方可入手修煉。爲了做到形象的熟記和準確，有關道經都對所存思的形象作出具體的規定和描繪。唐代內丹理論初興時，仍援引存思之法，如唐代《鍾呂傳道集》的內丹功法中，在修煉初期幾乎每一步驟都配合存思，如龍虎交合之想、起火之想、還丹之想、煉形之想、朝元之想等。然而，存思作爲道教的修煉法門，亦充分反映出其與道家修道觀點最大的差異——刻意與無爲。《上清祕道九精回曜合神上眞玉經》的存思雖然是刻意爲之，但當星氣所化的日月交媾流精到孕育出玉嬰的過程，顯然也有不自作意，任其結胎的想法。這或許反映仙道學者注意到道家修道主張自然無爲，而存思如此繁瑣、如此在腦中忙碌不休，實與修道原意衝突。如南宋時所編《道樞・黃庭篇》就明確駁斥刻意存思：

> 治身之要在乎存想，於是又有妄想、眞想焉。夫閉目作觀，或引五色之氣，或化日月之光，或爲龍虎之形，或作嬰兒之象，或思赤珠，或現金丹，此妄想也；閉目內視，而使神識氣，氣識神，於是氣爲神胎，形爲氣主，神氣相合而自然，此眞想也。〔註192〕

唐代以降，隨著內丹學理論與體系的建構成熟，仙道中一些派別會重新反省到存思有形得愈清楚，離道愈遠，從而主張修性爲先或者修性重於修命。故張伯端於《悟眞篇》之序中亦特別強調：「如鍊五芽之氣，服七耀之光，注想按摩，納清吐濁，念經持咒，噀水叱符，叩齒集神，休妻絕粒，存神閉息運眉間之思，補腦還精習房中之術，以致服鍊金石草木之類，皆易遇難成者。已上諸法，於修身之道率皆滅裂，故施功雖多而求效莫驗。」〔註193〕將內丹

〔註192〕《道樞・黃庭篇》卷7，《正統道藏・太玄部》冊35，P.237-1。

〔註193〕（南宋）張伯端撰；翁葆光註、戴起宗疏：《紫陽眞人悟眞篇註疏》，《正統道藏・洞眞部・玉訣類》冊4，P.280-1。

修煉回歸到清靜自然無爲的態度。此是後話。

　　六朝仙道修煉重視存思內景和身神，反面透顯出的提醒，便是凡人多半對於自己的身體過於忽略，日用而不知，因此無法好好寶愛其身；藉由存思內景或身神，可以讓意識思維與身中諸神連通，眞正的瞭解身體、發揮潛能，成爲自己眞正的主人。當然，存思更重要的意義則是依據仙道的身體觀，建構一套憑藉意識就可以修身成仙的內在修煉法，重新連結意識與身神，清楚感知一身有神、身中有道。六朝仙道期盼的是，當修煉成就，臻於神明的清明智識可以一窺身體之奧祕，並感應天人而轉化之，達到眞正的生命自由。此雖非傳統的心性修養工夫，卻不妨說是一種另類的「志至焉，氣次焉」之邏輯。

三、存思與佛教觀想

　　附帶應釐清的一點是：或許有人認爲，六朝仙道的存思修煉，與佛教修行法門中的觀想頗有關係。從表面來比較二者修習方式，彷彿有若干相像之處，如密宗觀想明點脈輪類似道教之人體內景精氣流轉；觀想本尊生起與己合一類似道教之存思神靈降臨與己身相合；乃至手印、持誦等等儀式皆有對應。其實，就內涵而論，上座部原始佛教觀身不淨、觀五蘊苦聚，旨在出離世間；大乘佛教觀想諸佛身境，旨在往生淨土；金剛乘密教觀想身（手印）、口（眞言）、意（相應本尊）三密，旨在即身成佛，這些核心歸趨與道教存思修仙以成就不死逍遙之生命，差別甚大。存思和觀想表面上的相似點在其他文化的宗教、巫術或神祕主義中也同樣存在，這實是因爲人類之想像淵源於人類心智的共通基礎，如榮格著名的集體無意識之主張：

> 正如人不管在種族上有多大的差異，人的身體都有共通的解剖學構造。同樣的情況也見之於人的心靈，它也是超越了所有文化與意識的差別，而擁有一共通的底層。我稱呼此一底層爲集體無意識，這種無意識的心靈在所有人類身上都是相同的。…集體的無意識，僅是同樣的腦之構造之心靈展現，它與所有種族的異同毫不相干。這種觀點可以解釋：爲什麼在各種不同的神話母題或象徵間，可以發現相近處，甚或相同處。這也可以解釋：爲何一般而言，人是可以相互理解的。〔註194〕

〔註194〕《黃金之花的祕密：道教內丹學引論・導論》，P.29。

因此，當文化的特質、個人的性格對生命內涵與轉化感到興趣，而探索、實驗自身，便會在共通的身心構造與操作中感受或體證到類似乃至相通的境界。是以，從人類共同的心靈基礎切入，神祕主義發展的進程、趨勢乃有雷同亦不足爲奇，只是表達深淺、概念詮釋因各別文化而異。再者，以本文所見史料與六朝傳譯之佛典看來，當時雖往往有僧侶因禪定、證悟而能示現神通，表示經過轉化而不同於凡夫的生命型態，但尚無明顯的密教活動記載，因而也不會有密教觀想法門與道教存思法相交流。

智顗在《修習止觀坐禪法要・治病第九》提到六氣治病之外，另有所謂觀想十二息治病：

> 有師言：若能善用觀想運作十二種息能治眾患。一上息，二下息，三滿息，四焦息，五增長息，六減壞息，七煖息，八冷息，九衝息，十持息，十一和息，十二補息。此十二息皆從觀想心生。今略明十二息對治之相：上息治沈重；下息治虛懸；滿息治枯瘠；焦息治腫滿；增長息治羸損；減壞息治增盛；煖息治冷；冷息治熱；衝息治壅塞不通；持息治戰動；和息通治四大不和；補息資補四大衰。善用此息可以遍治眾患。有師言：善用假想觀，能治眾病。如人患冷，想身中火氣起即能治冷。此如《雜阿含經》治病祕法七十二種法中廣說。

這裡的十二息治病已超出服氣的範圍，卻又與道教存思不盡相同。存思雖崇尚專一精誠，卻並未特別描述心念靜定的標準，只是恆毅行去便是；而觀想十二息治病是修習止觀達到一定的境界，心念專一不亂，方可起觀：「當知止觀二法。若人善得其意則無病不治也。但今時人根機淺鈍，作此觀想多不成就。」由於心念之專注勝於常人，故其觀想明確清晰甚有效力，呼吸時透過觀想不同的氣息感受與運行方式，可以藉心理狀態影響生理狀態。

從「但用止觀，檢析身中四大病不可得，心中病不可得，眾病自差」〔註195〕之語便清楚判別道教存思與佛教觀想，最根本的差異在於：存思乃眞切相信所存所思之效用，而天臺止觀則基於無常無我之空觀，我與身皆不可得，何況其病！當然，先秦道家既有虛無與無爲之哲思，佛教初傳中國之際，又以格義來認識佛教義理，佛教空觀後來不免也影響仙道修煉的主張。應爲六朝末至唐初所出之《太上老君說常清靜妙經》發揮老子清靜無爲說，彷彿大乘

〔註195〕以上，《大正新修大藏經》冊 46，No.1915，P.472 上。

佛教的空觀之論：

> 內觀於心，心無其心；外觀於形，形無其形；遠觀於物，物無其物。
> 三者既悟，唯見於空。觀空以空，空無所空。所空既無，無無亦無。
> 無無既無，湛然常寂。寂無所寂，慾豈能生。慾既不生，即是眞靜。
> 眞靜應物，眞常得性。常應常靜，常清靜矣。如此清靜，漸入眞道。
> 既入眞道，名爲得道。雖名得道，實無所得，爲化眾生，名爲得道。

〔註196〕

其中「觀空亦空」、「無無亦無」、「雖名得道，實無可得」等哲理雖不違道家
得魚忘筌、心齋坐忘之說，但用詞則近於佛教雙遣空有、破而不立的理路，
極似參考般若一系的佛經而撰成。又如（南宋）張伯端所立之內丹學南派清
修一系，會通三教，對於佛教空寂之旨與禪定之功，頗有贊同：

> 故老釋以性命學，開方便門，教人修種，以逃生死。釋氏以空寂爲
> 宗，若頓悟圓通，則直超彼岸。
> 殊不知成道者，皆因煉金丹而得，恐泄天機，遂托數事爲名。其中
> 惟閉息一法，如能忘機絕慮，即與二乘坐禪頗同。若勤而行之，可
> 以入定出神。〔註197〕

即是取法於佛教義理與修行法門，納入自己的內丹學體系。凡此皆主張心性
修養先於肉體轉化，所謂性功先於命功，大抵是仙道修行理論走向內在化，
方有融合佛道工夫之說。

第五節　守一

　　守一是從仙道初興便十分注重的修行法門之一，相信守一具有諸般神
效，於《太平經》中便多次提到。就仙道追求的目標來說，守一可以長生久
視、返老還童，《太平經·太平經鈔壬部》：「古今要道，皆言守一，可長存而
不老。人知守一，名爲無極之道。」唐人摘抄《太平經》中談守一的內容，
輯出的《太平經聖君祕旨》有云：「守一之法，老而更少，髮白更黑，齒落更
生。」又云：「守一之法，與天地神明同。出陰入陽，無事不通也。」〔註198〕

〔註196〕《太上老君說常清靜妙經》，《正統道藏·洞神部·本文類》冊 19，P.2-1 至
　　　　2-2。
〔註197〕《紫陽眞人悟眞篇註疏》，《正統道藏·洞眞部·玉訣類》冊 4，P.279-2、280-1。
〔註198〕以上，《太平經合校·太平經鈔壬部》，P.716；《太平經合校·附錄·太平經
　　　　佚文》，P.740、743。

守一則能通於神明、無事不知。此說亦見《抱朴子內篇‧地眞》：「余聞之師云，人能知一，萬事畢。知一者，無一之不知也。不知一者，無一能知也。」又以爲守一能卻惡辟邪、無病無災：「守形卻惡，則獨有眞一。…守之不失，可以無窮；陸辟惡獸，水卻蛟龍；不畏魍魎，挾毒之蟲；鬼不敢近，刃不敢中。此眞一之大略也。」〔註199〕另外，守一還能自生光明，與神同儔，形化爲神，如《太平經聖君祕旨》：「守一復久，自生光明。昭然見四方，隨明而遠行，盡見身形容。羣神將集，故能形化爲神。」〔註200〕《洞眞太上素靈洞元大有妙經‧太上大洞守一內經法》也說：「既能守身中三一，則太微天中三元帝皇之眞君而降見於外，亦與子面言也。」〔註201〕由此可以身中神共天上神合宴於混黃之中，得道成仙。

爲何「守一」能有如此威神之力？以下先考察守一的意涵演變；其次論守一之法；最後綜論各家守一的共同原則。

一、守一的內涵

「一」在先秦思想中已多使用之，最有名者當數《老子》，〈42 章〉：「道生一，一生二，二生三，三生万物。」此處「一」乃是從形上之道首先落實爲存在中的絕對者，意爲天地萬物之本原、第一因；〈39 章〉：「昔之得一者：天得一以清，地得一以寧，神得一以靈，谷得一以盈，万物得一以生，侯王得一以爲天下正。」這裡的「一」又作爲天地萬物要臻於自身成就、完足所不可或缺的根本要素。「一」與「道」看似有所分別，卻又不能明確分析，唯「道」無名、無形、無象，不可揣測，而「一」乃數之始也，能供概念指稱，故道家思想中常以「一」視爲「道」呈現於存有。然則，「守一」即守道，也可以說，「守一」即是順同於宇宙運作的規律、原則，如〈22 章〉云「聖人抱一爲天下式」，〔註202〕呼應「侯王得一以爲天下貞」。何以能爲天下式？此因道乃變中之不變者，守住不變即可斡旋於變，見《管子‧內業》：「一物能化謂之神，一事能變謂之智，化不易氣，變不易智，惟執一之君子能爲此乎！執一不失，能君萬物。君子使物，不爲物使。得一之理，治心在於中，治言

〔註199〕以上，《抱朴子內篇校釋‧地眞》卷 18，P.296、297。

〔註200〕《太平經合校‧附錄‧太平經佚文》，P.739。

〔註201〕《洞眞太上素靈洞元大有妙經‧太上大洞守一內經法》，《正統道藏‧正乙部》冊 56，P.199-1。

〔註202〕以上，《老子校釋》，見《老子釋譯》，P.174、154-155、92。

出於口，治事加於人，然則天下治矣。」〔註203〕至於「守一」在「萬物得一
以生」方面的功用，則可舉《莊子・在宥》為例：「我守其一，以處其和，故
我修身千二百歲矣，吾形未常衰。」〔註204〕守道能長生而形不衰，因為守道
能遠離令生命衰頹的因素。

　　漢末至魏晉，道教承繼道家「一」即「道」之表徵的觀點，如《抱朴子・
地真》：「道起於一，⋯一能成陰生陽，推步寒暑。春得一以發，夏得一以長，
秋得一以收，冬得一以藏。其大不可以六合階，其小不可以毫芒比也。」〔註
205〕講四時得一而有生長收藏來看，似是承襲前人；但內涵卻有所翻轉。《老
子》言「道生一」，是道在一之先；而《抱朴子》言「道起於一」似謂道乃彌
天蓋地布於萬物，唯其中有「一」為道之始。從「其大不可以六合階，其小
不可以毫芒比」句，顯現「一」可大可小的特性，有類於氣。在《老子想爾
注》注「載營魄抱一能無離」中，「一」的內涵已大加擴充：

　　　　一者道也。⋯一在天地外，入在天地間，但往來人身中耳。都皮裏
　　　　悉是，非獨一處。一散形為氣，聚形為太上老君，常治崑崙。或言
　　　　虛無，或言自然，或言無名，皆同一耳。〔註206〕

「一」包含萬物又在萬物中，是原本「道」即有的本原、要素義，《老子想爾
注》云「一散形為氣」，又把「一」與「通天下一氣」的氣關聯，則過渡了秦
漢以來的氣化論，可用之解釋何以無形的「一」能夠無處不在、往來人身。
這就是後來六朝以下道教對「一」主要的觀點——「一」既是「道」之表徵，
也是「氣」之共相。

　　仙道並非單純的思辨或理論，需要實際操作。就此而論，無法名說的道
對於仙道要「得道成仙」的目標來說，可謂難以企及。是以，仙道理論中須
有供神祕性質互滲的中介元素以溝通「道」與「物」；將「一」和「氣」的觀
念畫上等號，實乃水到渠成。六朝仙道確立道氣合一之見解後，還須建立起
道氣生化的論述。如《西昇經・道虛章》：

　　　　道者虛無之物，若虛而為實，無而為有也。天者，受一氣，蕩蕩而
　　　　致清，氣下化生於萬物，而形各異焉。是以聖人，知道德混沌，玄

〔註203〕《管子・內業》冊2，卷16，P.101。
〔註204〕《莊子集解・在宥》卷3，P.94。
〔註205〕《抱朴子內篇校釋・地真》卷18，P.296。
〔註206〕《老子想爾注校箋》，P.13。

同也，亦知天地清靜，皆守一也。〔註207〕

氣是道的呈現，天地萬物無分大小種類，皆由一氣而生，天地萬物均循一氣之規律而行，無有不守一氣而存者。《雲笈七籤・元氣論》序章言宇宙生成之過程與要素，總結六朝以來道教之看法並統整之：「夫自然本一，大道本一，元氣本一。一者，眞正至元純陽一氣，與太無合體，與大道同心，自然同性。」、「元氣本一，化生有萬。萬須得一，乃遂生成。萬若失一，立歸死地，故一不可失也。」〔註208〕整部〈元氣論〉就以一氣推擴流衍，解釋萬事，並延伸至修行。

那麼，何以「守一」能有本節首段所言諸般神效，便可以解答了：因爲守一即是順於天地之氣、同於天地之道。既得天地運行之規律，又可以一氣得以溝通萬物，故可無事不知；通曉了事物變化的規律，自能避免災殃。若能掌握萬物之基本構成與運作方式，當然也能卻惡祛疾。〔註209〕而一既是道之表徵，守一而得道成仙，乃有可爲之處。

守一之法只是專注於最爲根柢的一，直截了當，故《西昇經・深妙章》云：「天地物類，生皆從一。…丹經萬卷，不如守一。」〔註210〕《抱朴子內篇・地眞》中曾說其師亦如此主張：

> 吾聞之於師云，道術諸經，所思存念作，可以卻惡防身者，乃有數
> 千法。…然或乃思作數千物以自衛，率多煩雜，足以大勞人意。若
> 知守一之道，則一切除棄此輩，故曰：能知一則萬事畢者也。〔註211〕

透過此番理論，人固然有了與天地萬物相通的可能，但即便讓形而上的道通爲元氣，此仍爲無形之基本構成，人如何能守之？於是乎氣與心聯繫在一起的理路便是必要的。根據前面章節討論，可知心與氣的關聯爲中國思想中一大關目，或言心統氣、氣統心，或言心動氣、氣動心，或言心虛而靜則精氣自來。先秦以來心與氣的論述參見第二章討論。六朝仙道則直接承認心、氣

〔註207〕《西昇經》卷中，《正統道藏・洞神部・本文類》冊19，P.257-2。
〔註208〕《雲笈七籤・諸家氣法・元氣論》卷56，《正統道藏・太玄部》冊37，P.682-2、684-1。
〔註209〕劉長林云：「所以古人對氣概念的應用，在很多地方有『信息』的意義。…由於氣攜帶著宇宙的法則、規定、秩序、條理和一切屬性，因而把握了氣，借助於氣，即可提高智慧，產生靈感，獲得關於天地萬物的道理。」見氏撰：〈說「氣」〉，收於楊儒賓主編：《中國古代思想中的氣論及身體觀》，P.121。
〔註210〕《西昇經》卷中，《正統道藏・洞神部・本文類》冊19，P.253-1。
〔註211〕《抱朴子內篇校釋・地眞》卷18，P.297。

之間不一不異的關係，像：

> 一者，道始所生，太和之精氣也，故曰一。…入爲心，出爲行，布
> 施爲德，總名爲一。〔註212〕

> 夫一者，乃道之根也，氣之始也，命之所繫屬，眾心之主也。〔註213〕

氣居於人身，表現爲生命活動，在身體內部就是意識心志，在身體外部就是行爲舉止，布散整個天地系統中就是萬物各具之性德。此番觀點其實可見於氣論，只是在這裡又拉上了心。照這樣說，此「一」即在身中不假外求，故《黃庭外景經・作道章》乃云：「子能守一萬事畢，子自有之持勿失。」〔註214〕且守一非僅修仙之道術，乃是天地萬物都應該努力做到的，此所以《西昇經・虛無章》言：「萬物抱一而成，得微妙氣化。人有長久之寶，不能守也而益欲尊榮者，是謂去本生天地之道也。」〔註215〕

二、守一的方式

「一」作爲「道」或「氣」的同義詞，理論上不得不彌天蓋地、含括萬有。然而將「一」說得太過基本與重要，不免落於空泛和玄虛，無從下手修煉。故仙道之守一，多將「一」置換爲較爲明確的事物，以便鎖定標的且可供實踐。

儘管六朝道教各派皆重視守一，實際上對「一」之解釋、將「一」落實在何處頗有差異，因而所守之內容或側重點即不盡相同。例如同樣言守神、守氣精神、守精神、守精氣，用語相近，卻有存思身中神、專注身上部位、存養心神、固精不泄等不同內涵。〔註216〕大體而言，六朝仙道之守一可以分出兩大方向。主張修煉成仙、採納方術而化用的道經，多半將「一」實體化，以存思來進行守一；較具哲理意味的道經，尤其是註解道家經典者，則保留「一」的無形特質，傾向以生活的態度或心靈的修養來進行守一。以下分論：

（一）《太平經・癸部・令人壽治平法》：「三氣共一，爲神根也。一爲精，

〔註212〕注「抱一，能無離」，《老子道德經河上公章句・能爲第十》，P.34。
〔註213〕《太平經合校・乙部・脩一卻邪法》，P.12-13。
〔註214〕《太上黃庭外景玉經》，《正統道藏・洞玄部・本文類》冊10，P.602。
〔註215〕《西昇經》卷中，《正統道藏・洞神部・本文類》冊19，P.254-2。
〔註216〕先秦至六朝各式守一之內容、方法與演變，本文無法詳盡討論，可參蕭登福：
　　　　《六朝道教上清派研究・道教及上清派「守一」修持法門之源起及其演變》，
　　　　P.345-402。

一爲神，一爲氣。此三者，共一位也，本天地人之氣。神者受之於天，精者受之於地，氣者受之於中和，相與共爲一道。……故人欲壽者，乃當愛氣尊神重精也。」此謂精、神、氣爲生命不可或缺的三個要素，精、神、氣是不同來源的氣的表現或作用，於人身中合爲一道，即共同運作成整體生命。《太平經聖君祕旨》：「夫人本生混沌之氣，氣生精，精生神，神生明。本於陰陽之氣，氣轉爲精，精轉爲神，神轉爲明。」云氣、精、神是生命個體中不同層次的氣。不論是哪種理路，《太平經》本從人身形神統一觀出發，來建立其守一理論，守一即守此三者：「欲壽者當守氣而合神，精不去其形，念此三合以爲一，久即彬彬自見，身中形漸輕，精益明，光益精，心中大安，欣然若喜，太平氣應矣。脩其內，反應於外。內以致壽，外以致理。非用筋力，自然而致太平矣。」〔註217〕「念此三合以爲一」，是將不同的氣都提升到較高的層次，諸氣混融無間，用如此方式作爲修煉。

　　守一實際的作法不甚清楚。可能是在身心安靜的情況下，把意念集中在體內某一部位，這個部位顯然具有形神中心的意義，如《太平經聖君祕旨》以守腹中爲守一：「夫欲守一，乃與神通，安臥無爲，反求腹中。」〔註218〕但也不一定要專注在腹部，《太平經‧脩一卻邪法》指出人身不同系統皆有主要之一：「故頭之一者，頂也。七正之一者，目也。腹之一者，臍也。脈之一者，氣也。五藏之一者，心也。四肢之一者，手足心也。骨之一者，脊也。肉之一者，腸胃也。」〔註219〕部位不是那麼重要，反而態度才是關鍵，顯然心志專一、保持神智清明是重要的前提：

> 人有一身，與精神常合并也。形者乃主死，精神者乃主生。常合即吉，去則凶。無精神則死，有精神則生。常合即爲一，可以長存也。常患精神離散，不聚於身中，反令使隨人念而遊行也。故聖人教其守一，言當守一身也。念而不休，精神自來，莫不相應，百病自除，此即長生久視之符也。

專注一身，可使精神不離散，保持與形體合併，生命活動便能旺盛不衰。經中且以晝、夜作爲守不守一的對比：

〔註217〕《太平經合校‧癸部‧令人壽治平法》，P.728；後兩則見《太平經合校‧附錄‧太平經佚文》，P.739。

〔註218〕《太平經合校‧附錄‧太平經佚文》，P.741。

〔註219〕《太平經合校‧乙部‧脩一卻邪法》，P.13。

> 陽者守一，陰者守二，故名殺也。故晝爲陽，人魂常并居；冥爲陰，
> 魂神爭行爲夢，想失其形，分爲兩，至於死亡。精神悉失，而形獨
> 在。守一者，眞眞合爲一也。〔註220〕

蓋晝間人之活動旺盛，恰好說明人身與精神合併即守一的情況；夜晚人趨於
疲勞不得不入睡，又往往做夢，正似魂神離體，或形體近於死亡的狀態。另
一方面，晝夜的明暗對比有時也用來說明守一內視，若有所成，內見光明的
情況，如《太平經聖君祕旨》：「守一明法，有外闇內闇，無所屬，無所睹。
此人邪亂，急以方藥助之。」守一而精神狀態落於昏暗，有可能眼不見物；
反之，「守一精明之時，若火始生時，急守之勿失。始正赤，終正白，久久正
青。洞明絕遠復遠，還以治一，內無不明也。」〔註221〕則小心護養光明，內
視可見身中光明由赤轉白轉青，而以青色爲上。其中顏色轉變的邏輯尚不明。

　　以合併精神來解釋「守一」，不禁令人聯繫至本章第四節言《太平經》之
存思五臟精神，令返回身中之法。果然，「守一」在《太平經》所載的操作上，
可置換爲念守身中神：「一者，心也，意也，志也。念此一身中之神也。」〔註
222〕六朝仙道更多逕以存思等同守一者，如《黃庭外景經·作道章》的「子能
守一萬事畢，子自有之持無失」，也是用存思來守一。雖然《黃庭外景經》中
可存思的臟腑之神甚多，其中最重要的大約仍是脾所在之黃庭。又如《抱朴
子·地眞》記載守眞一：

> 一有姓字服色，男長九分，女長六分，或在臍下二寸四分下丹田中，
> 或在心下絳宮金闕中丹田也，或在人兩眉閒，卻行一寸爲明堂，二
> 寸爲洞房，三寸爲上丹田也。〔註223〕

「一」在人體三丹田居住如處宮室，因此當專注於丹田。這更是將「一」實
體化、形象化，即後來上清法門中所謂守丹田之三一。

　　前節所見《洞眞太上素靈洞元大有妙經·太上大洞守一內經法》言存守
三丹田眞一法術，三丹田部位的三元君，即是眞一，故操作上以存思身中神

〔註220〕以上，皆見《太平經合校·太平經鈔壬部》，P.716。
〔註221〕《太平經合校·附錄·太平經佚文》，P.740；《太平經合校·乙部·守一明法》，
　　　　P.16。
〔註222〕《太平經合校·己部·萬二千國始火始氣訣》卷92，P.369。
〔註223〕《抱朴子內篇校釋·地眞》卷18，P.296。亦收入《雲笈七籤·雜修攝·攝養
　　　　枕中方》卷33：「夫守一之道：眉中卻行一寸爲明堂，二寸爲洞房，三寸爲
　　　　上丹田；中丹田者，心也；下丹田者，臍下一寸二分是也。一一有服色姓名，
　　　　男子長九分，女子長六分。」

為守一：「氣結為精，精感為神，神化為嬰兒，嬰兒上為真人，真人升為赤子，此真一也。」此身中之神三元君、二十四氣與天上三一帝皇之君、太微二十四真，同為真一元氣所化，亦能藉由氣來感通：

> 一之所契，太無感化，一之變通，天地冥合。是以上一為一身之天帝，中一為絳宮之丹皇，下一為黃庭之元王，而三一之真並監統身中二十四炁。炁以受生，生立一身，上應太微二十四真，真炁徊和，品物成形，玄神混分，紫房杳冥。夫炁者，結靈煙而成神也。神者，託三一以自王也。變化者，三一之所造。〔註224〕

氣常往來，神與天通，則身中之三一與天上之三一並無二致。故守此三一，即等於守化生天上三一帝皇的真一元氣，離道近矣。

《抱朴子・地真》另載守玄一，無所不辟，與真一同功。但方式與守真一不同，蓋玄一並無姓字長短服色：「初求之於日中，所謂知白守黑，欲死不得者。」求之日中不知如何求法，語焉不詳，應仍與存思有關。有學者說守玄一是「引導道教進入理論思考的凝神方法」〔註225〕。據葛洪之言，玄一無姓字、長短、服色，應是表現道之不可捉摸；守玄一不能強求、得百日齋戒靜候，則是要求修道須無為自然，從以上方面揣想，守玄一指專念清虛的道體，也不無可能。從「得之守之，則不復去」以及言守玄一可致分形之道，「至數十人，皆如己身，隱之顯之，皆自有口訣」〔註226〕，則知玄一仍有形象。六朝仙道在落實守一的修法上，固然結合了存思與守一，操作明確，較無模糊地帶，卻同時混淆了守一的獨特性。

（二）《老子道德經河上公章句・能為第十》「抱一，能無離」之下云：「人能抱一，使不離於身，則長存。一者，道始所生，太和之精氣也。」蓋以「一」為道最早生化之元氣。「專氣至柔」之下云：「專守精氣使不亂，則形體能應之而柔順」；又〈韠德第三十三〉「不失其所者久」之下說：「人能自節養，不失其所受天之精氣，則可以久。」可以推斷其抱一即指專守精氣。具體來說，守一之法一方面是不使生命活動過度，〈守道第五十九〉：「人能保身中之道，使精氣不勞，五神不苦，則可以長久。」此處五神乃五臟之神氣，〈能為第十〉另提到：「喜怒亡魂，卒驚傷魄。魂在肝，魄在肺。美酒甘肴，腐人肝肺。故

〔註224〕以上，《洞真太上素靈洞元大有妙經・太上大洞守一內經法》，《正統道藏・正乙部》冊56，P.200-2、198-2。

〔註225〕見盧國龍：《道教哲學・第一章》（北京：華夏出版社，1998），p.164

〔註226〕以上，《抱朴子內篇校釋・地真》，P.298。

魂靜志道不亂，魄安得壽延年也」，魂在肝、魄在肺的說法同於醫家，與情志的搭配則否，至多是概略提及而已。欲令五神不苦，除了飲食有節、不貪美酒佳餚，主要就是注意情志的平和，故「能嬰兒」之下云：「能如嬰兒內無思慮，外無政事，則精神不去也。」另一方面，則與房中術有關，〈守道第五十九〉之下云：「人能以氣爲根，以精爲蒂，如樹根不深則拔，蒂不堅則落。言當深藏其氣，固守其精，無使漏泄。」〔註227〕蓋生育之精亦爲精氣。從醫家的看法來說，稟受的先天之精即藏於腎，腎亦關乎人之生殖，故漏泄即不能守一。河上公基本上從醫家、養生的方面切入，不涉及修煉方術。

　　同樣釋《老子》「載營魄抱一能無離」一句，《老子想爾注》把「營魄」作爲精、氣、神的另一說法：「身爲精車，精落故當載營之。神成氣來，載營人身，欲全此功無離一。」以身爲精氣神之載具，提出「守一」以全精氣神之功。不過守一並非從守住精氣神來下手：「一者道也」，但無法在人身上尋得特定之一：「今在人身何許？守之云何？一不在人身也。」因爲「一」既有溝通性質又具有超越性質，無所不在：「一在天地外，入在天地間，但往來人身中耳，都皮裡悉是，非獨一處。」是以《想爾注》批判其他道教派系以存思之法來守一的修行方式不是眞正的守一，如注「是無狀之狀，無物之像」：「今世間僞伎指形名道，令有服色名字、狀貌、長短，非也，悉耶僞耳」；注「載營魄抱一能無離」：「世間常僞伎指五藏以名一，瞑目思想，欲從求福，非也；去生遂遠矣」，指形名道、瞑目思想、守五臟、令有處所等都是虛詐，徒然苦極而無福報。

　　雖然說《想爾注》亦有「一散形爲氣，聚形爲太上老君，常治崑崙」之說，神化了老子，帶有宗教崇拜的意味，卻不甚濃厚；而因爲氣的無可捉摸、自由往來，顯然也非適當專守的對象。然則，如何守一？要從守住精氣神運作的基礎下手：

　　　道至尊，微而隱，無狀貌形像也；但可從其誡，不可見知也。

　　　今布道誡，教人守誡不違，即爲守一矣。不行其誡，即爲失一也。
　　　〔註228〕

道並非人能以自身感官、思維去揣度、把握的，道雖然無所不在、往來人身，

〔註227〕以上，《老子道德經河上公章句》，P.34、134、231、34、231-232。

〔註228〕以上，分見注「是無狀之狀，無物之像」、「載營魄抱一能無離」，《老子想爾注校箋》，P.18、13。

卻是形而上的存在。真正能做到的「守一」乃是遵從道誡，循道不違。這也就是說，《想爾注》不認可純粹操作性的、以個人生死為著眼的具體方術修仙模式，而主張以遵守道誡這種社會的、倫理的作法作為修仙途徑，形成近乎今日普遍定義的宗教樣貌。如此說法或許是關切早期道教產生時期各種方術、思想流派林立，故爾欲批判、消解以求統合的一種意圖。

道誡的具體內容大致可從守靜、養神等方面去把握：

> 彊欲令虛詐為真，甚極；不如守靜自篤也。

> 吾、我，道也；志欲無身，但欲養神耳，欲令人自法，故云之。〔註229〕

此仍與《河上公章句》提倡的「能如嬰兒內無思慮，外無政事，則精神不去也」相去不遠。固然是由於《老子》書中本來便主張和光同塵、致虛極守靜篤等態度；另一方面，考慮到《想爾注》對存思之批評，也是其作者反對六朝仙道追求長生久視而欲極力修煉成仙，雙方於修道立足點乃是南轅北轍。畢竟，若以先秦道家如老、莊等典籍為依歸，必至忘身、無為才能合道，自然視仙道修煉殫思竭慮於一身的汲汲營營為悖道之舉。

這類崇尚虛靜的價值觀，是東方文化的固有特質，中華民族性格的底蘊之一，如《楚辭·遠遊》：「見王子而宿之兮，審壹氣之和德。曰：道可受兮，不可傳；其小無內兮，其大無垠。無滑而魂兮，彼將自然。壹氣孔神兮，於中夜存。虛以待之兮，無為之先。庶類以成兮，此德之門。」〔註230〕雖是以求仙為題材的文學作品，也會提到守靜養神的想法，文中「自然」、「虛以待之」、「無為之先」都點出清靜存養的態度。《淮南子·俶真訓》也說到：「是故，事其神者神去之，休其神者神居之。」〔註231〕操用其神，神則離體；休養其神，神乃留居。這些例子中的「神」雖未必全合六朝道教之「神」的意義，但清靜休養的態度則無別。先秦道家為集此一虛靜價值觀之大成者，六朝仙道的思維既然稟承自道家，所以某些流派亦會在對修煉的反省中透顯出如斯意味來。

在《西昇經·道虛章》所謂「天地清靜，皆守一也」的邏輯下，此種志向清靜的道誡不單單只是為了養生而規範出來的品格或人倫要求，乃以人之身心揣摩仿效天地之道：

〔註229〕以上，分見注「致虛極，守靜篤」、「及我無身，吾有何患」，《老子想爾注校箋》，P.21、17。

〔註230〕《楚辭補注·遠遊》卷5，P.167。

〔註231〕《淮南鴻烈集解·俶真訓》卷2，P.55。

> 故與天地同心而無知，與道同身而無體，而後天道盛矣。以制志意，
> 而還思慮者也。去而不可逐，留而不可遣，遠者出於無極之外，不
> 能窮也；近在於己，人不見之。

「守一」實爲「不守」，因爲道氣貫於天地，「去而不可逐，留而不可遣」，無所謂守與不守，重點在於人要體察天地運作的情況而自然遵循守一：

> 是以君子終日不視不聽，不言不食，内知而抱玄。夫欲視亦無所見，
> 欲聽亦無所聞，欲言亦無所道，欲食亦無所味，淡泊寂哉，不可得
> 而味也，復歸於無物。若常能清靜無爲，氣自復也，返於未生而無
> 身也。無爲養身，形體全也；天地充實，長保年也。〔註232〕

「欲視亦無所見，欲聽亦無所聞」云云，即不以感官運作爲生命的目的，不以認知感覺爲生命處理的對象。《老子想爾注》所謂「志欲無身」並非否定存活，乃捨棄令身爲大患的意識型態。當一切生活情事皆不刻意欣厭取捨，精氣就不會耗損而自復完全。由此入手，才有可能眞正地返於未生、復於天地。

　　如此清靜無爲、無欲無求的思維，在老莊而言並不爲奇；但在六朝仙道理論中，則是棄已架構起的龐大修煉體系於不顧，另外走出一條路來。這條修性之路，就道教史的視野來看，違反一般六朝仙道存思之主流，卻返回先秦道家「歸根復命」的修道眞諦。

三、守一的原則

　　有趣的是，不管這「一」指的是身中一處、一氣、合於一身，還是繫念在唯一的道體；不論是用存思、内觀抑或守精氣、養神來詮釋「守一」，都脫離不了凝神專一與清靜寡欲。此二點反而是眾多不同守一之法中的共通之處，甚至可以說是修煉仙道的共同要求——專一與寡欲是進行的方式，而凝神與清靜則是目標。

　　專一也者，是意向的單純與意識的高度專注。想要有效率地做事，便需要專注，日常生活如此，宗教修行亦然，仙道也不例外。《太平經・脩一卻邪法》：「守一者，天神助之。守二者，地神助之。守三者，人鬼助之。四五者，物祐助之。故守一者延命，二者與凶爲期。三者爲亂治，守四五者禍日來。」〔註233〕以守一爲最高。前文云人身多處有一，顯然專守一處，效果最佳。專

〔註232〕以上，《西昇經》卷中，《正統道藏・洞神部・本文類》冊19，257-2 至 259-1。
〔註233〕《太平經合校・乙部・脩一卻邪法》，P.13。

一還包含無時無刻皆專一守一，《洞眞太上素靈洞元大有妙經‧太上大洞守一內經法》：

> 子能守一，一亦守子，子能見一，一亦見子，一須身而立，身須一
> 而行，子身進退，千端萬事，常常念一。飲食念一、欣樂念一、哀
> 感念一、疾病念一、危難念一、履水火念一、有急念一，舉止矚目，
> 念亦多矣。思念必專，不專無冀矣。〔註234〕

無分大小事情，不管情緒起伏，念茲在茲，都要守一，如此才有希望會通天上三一。

全心全意貫注於一件事上，意識往往特別清醒明白，古人認爲這便是精氣充盈，或是神氣來集之徵，故《莊子‧知北游》有：「若正汝形，一汝視，天和將至；攝汝知，一汝度，神將來舍。」〔註235〕端正形體，使感官專一不亂，自然的和諧就會到來；收斂聰明，使思惟專一不散，神明或神氣就會來棲止。從《洞眞太上素靈洞元大有妙經‧太上大洞守一內經法》析出別行的《金闕帝君三元眞一經》便耳提面命強調專一之重要，非專一不足以神光化生身外：

> 守眞一，心樸神凝，混專玄感，所以百念不生，精意不散。但三月
> 內視，注心一神，神光化生身外，與之而游，是注念不散，專氣致
> 和，由樸之至也，得之速也。自樸散以來，眞離之後，華僞漸起，
> 競心亂生，故一不卒見，神不即應。非不欲住，存之者不專，思之
> 者不審，故起積年之功，始有髣髴也。若能心齋遠世，專心無營，
> 亦必三月之感，與一俱面也。〔註236〕

因心意單純專一故，精隨意凝而由量變達於質變，神光化生身外就是有恆堅持方可凝神或守神之證。比較〈太上大洞守一內經法〉類似的段落，彼文強調的是「固」，顯得太過刻意，《金闕帝君三元眞一經》則改「固」爲「樸」。樸是心意樸素，不起他念，類似《莊子‧刻意》言「純素之道，唯神是守；守而勿失，與神爲一。…素也者，謂其無所與雜也；純也者，謂其不虧其神也。」〔註237〕

〔註234〕《洞眞太上素靈洞元大有妙經‧太上大洞守一內經法》，《正統道藏‧正乙部》冊56，P.200-1 至 200-2。
〔註235〕《莊子集解‧知北游》卷6，P.187。
〔註236〕《金闕帝君三元眞一經》，《正統道藏‧洞眞部‧方法類》冊7，P.292-1。
〔註237〕《莊子集解‧刻意》，P.192-193。

在中國關於身心修養的工夫論中專一同樣具有重要的地位，幾乎任何修行都脫離不了專一。儘管六朝仙道中守一的方式不同，卻都希望藉著專一不雜的心理狀態，令精神不失，甚至達到精氣神的凝聚或形神緊密結合。

如果說專一是正面立論，那麼寡欲則是反面警誡。不管說的是思慮的內容或是欲求之對象，均指向越少越好。例如《太平經聖君祕旨》云：「守一之法，不言其根，謹閉其門；不敢泄漏，謹守其神；外闇內明，一乃可成。」〔註238〕「不敢泄漏」或與房中術固精有關，但還可以更廣泛地解釋——這裡所指的根、門顯然包含所有接觸外界的感官。《抱朴子內篇・至理》講得更明白：

> 遏欲視之目，遣損明之色，杜思音之耳，遠亂聽之聲，滌除玄覽，
> 守雌抱一，專氣致柔，鎮以恬素，遣歡戚之邪情，外得失之榮辱，
> 割厚生之臘毒，謐多言於樞機，反聽而後所聞徹，內視而後見無朕，
> 養靈根於冥鈞，除誘慕於接物，削斥淺務，御以愉慔，爲乎無爲，
> 以全天理爾。〔註239〕

非唯道家或仙道經典，凡是涉及修養的論著皆一致認爲，欲求過多與精神清靜兩者背離不可並存。恬淡寡欲也是醫家向來主張的養生之理，《素問・上古天眞論》論保養身體，提到外在環境，只說「虛邪賊風，避之有時」，但論到生活行爲與內在心理狀態，則大篇幅地說：

> 今時之人不然也，以酒爲漿，以妄爲常，醉以入房，以欲竭其精，
> 以耗散其眞，不知持滿，不時御神，務快其心，逆于生樂，起居無
> 節，故半百而衰也。

顯然人耽於官能逸樂，生活不能自制，就是提早衰老與不能終其天年的主因。若能「恬惔虛無，眞氣從之」，則「精神內守，病安從來」。可見醫家主張恬淡，也是要讓人眞氣在身、精神內守，與仙道「守一」需寡欲乃是同一理念：

> 是以嗜欲不能勞其目，淫邪不能惑其心，愚智賢不肖，不懼于物，故
> 合于道。所以能年皆度百歲而動作不衰者，以其德全不危也。〔註240〕

「德全」者，性德能夠不失，或精氣得以保全之謂也。這裡的保養觀點與道家寡欲以達清靜並無二致，目的亦是要合於道。不過醫家之合於道指人體功能運作完全順乎自然，與仙道之得道意涵不完全等同。

〔註238〕《太平經合校・附錄・太平經佚文》，P.741。
〔註239〕《抱朴子內篇校釋・至理》，P.100。
〔註240〕以上，《黃帝內經素問譯解・上古天眞論》，P.2-3。

　　狹義的清靜可說是心理的單純晏然，無擾雜的思慮、無不當的情緒、無感官的欲望；至於廣義的清靜，尚包括人之身心與環境的閑居潔淨。《太平經聖君祕旨》關注修行時內在的狀況：「夫欲守一，喜怒爲疾，不喜不怒，一乃可睹。」也要求外在生活環境：「守一之法，始思居閑處，宜重墻厚壁，不聞喧譁之音」、「守一之法，少食爲根，眞神好潔，糞穢氣昏」，〔註241〕顯示生活作息中無一不需清靜。爲何特別強調清靜？因爲就巫術與宗教來說，清靜意味身心潔淨，不論是外界的神靈或是內在的精氣神，均厭穢雜而喜清靜，《太平經》存思前要齋戒：「欲思還神，皆當齋戒，懸象香室中，百病消亡；不齋不戒，精神不肯還反人也。」〔註242〕此乃生理上的清靜；又如《抱朴子內篇·地眞》云心情從容以守一：「不施不與，一安其所；不遲不疾，一安其室；能暇能豫，一乃不去。」〔註243〕則是心理上的清靜。是以仙道更加強調清靜才能使精神常安人身，形神合一而長生。

　　最後尚有一點可談。《太平經聖君祕旨》提到，守一還需要清楚了解「一」的內涵：

> 守一之法，先知天意，生化萬物，不言而理，功成不宰，道生久視。
> 守一之法，當念本無形，湊液相合，一乃從生，去老反稚，可得長生。〔註244〕

明瞭「一」──道或氣之表徵──的本質與生化萬物的功能，可以讓身心順利貼近「一」的本質。約出於魏晉的《洞眞太上說智慧消魔眞經·證聖品》亦云：「一無形象，無欲無爲，求之難得，守之易失。失由識闇，不能進明。…守一恬惔，夷心寂求，損欲抑德，反迷入正，廓然無爲，與一爲一。」〔註245〕便指出了守一應備的兩面心態：其一就是點出何以「守之易失」，是因爲「失由識闇，不能進明」，即對於「一」的了解不夠，便無法眞正守一；其二就是點明「一」的性質，助人了解「一」。對「一」的認識是幫助建立「守一」應有心態的關節。

　　上述《太平經聖君祕旨》和《洞眞太上說智慧消魔眞經·證聖品》言守一邏輯，都不是利用清靜寡欲以保守精氣，經文直言「一」本身就是無欲無

〔註241〕《太平經合校·附錄·太平經佚文》，P.741、740、742。
〔註242〕闕題，《太平經合校·乙部》，P.27-28。
〔註243〕《抱朴子內篇校釋·地眞》卷18，P.297。
〔註244〕《太平經合校·附錄·太平經佚文》，P.743。
〔註245〕《洞眞太上說智慧消魔眞經·證聖品》卷4，《正統道藏·正乙部》冊56，P.515-2。

爲。這就是說，恬淡無爲作爲守一應達到的心理條件，正是因爲如此狀態是「一」的狀態，所以心理境界一旦無欲無爲，便直接與「一」相應，進而與「一」相合。由是，守一不可缺少正確的認知和理解，認識「一」才得以守一。「知道方能得道」向來是仙道修煉的大前提，指引修煉的道經往往在前文大篇幅論述道的本質及功能，其原因就在於此。當修行者修改認知、觀念正確，對道、氣、一、無爲、自然等核心觀念能了悟與把握時，即代表修行者已跨入仙道修行之門，開始走在歸根復命的道路上了。

根據討論，「守一」可說是修煉的道術之一；若考量實踐守一之多途，說「守一」乃是修煉不可或缺的原則或心理狀態，亦即修煉的要訣，亦甚爲適切。

稍用數語小結本章。六朝仙道修煉法門形式眾多，運用的思維觀念也繁雜多樣，本文主要著墨於六朝仙道修煉中的內修法門，發現即使修行方式各異，其背後都含藏內修之所以爲內修所獨具的理路特色。

六朝仙道修煉法門有憑藉他力的外煉之法，如服食、煉丹；有憑藉自力的內修之法，如服氣、存思、守一。粗略而分，兩大類型之差別在於操作方式不同（以他物爲工具、以自身爲工具）和依據來源不同（精氣採於外在、精氣本於自身），不過，諸般修煉法門同樣關注人之一身，同樣都要理解道氣之性質、天地運行規律、事物變化法則，所欲達致之目的不脫積累精氣、轉化身體和天人感通。

外煉之法是以他物如鼎爐、藥物等作爲工具，而內修之法其實也脫離不了外在，像所服之氣、所存之神、所守之一固然可以是本有元氣、體內身神，另外也包括五方、日月星辰精氣，及感通天上神靈來獲得襄助或降身與己相合。內修一方面不完全憑藉自力，另一方面操作方式和依據來源多樣混雜，並無一致之特徵可供判別，以與外煉涇渭分明，那麼各種內修法門有何共具的獨特性，甚至讓內在修練在仙道修煉理論的發展上逐漸佔據優勢，成爲往後修仙的主要實踐方式？

本文認爲，內修法門結合了傳統的氣化、天人思維，與仙道之身體觀、道氣合一之說，修煉之理路自成完整周全的辯證系統，此即：自己的身體既是修煉之工具，也是修煉之對象，而且還是修煉之指引。對自身的了解越清楚，也就越能操控身體進行修煉；相對地，身體越加修煉，則人對於自身的生命功能、內涵、價值、存在意義就越清楚明白。這是由於構成身體的氣、

精、神不僅僅是內在修煉的內容，尚具有稟賦於道、相通於天的性質，因此在內修法門而言，打破了身內、身外，以及個人、宇宙之界限分別。可以說，內修諸般修煉法門均建立在「心與氣通、神與道通、人與天通」的根本理路上，即便操作方式、進程參差多途，但都立基此番理路，咸信朝向正確的修煉方向去實踐，身體轉化就會形成正向的回饋循環。

從本章之探討來歸納通觀，這樣的修煉理路已在六朝仙道中透顯出來，而且立足最為穩固、通說最為無礙，是以六朝以下的仙道修煉理論自然漸以內修一類為大宗了。

第六章　結　論

　　本文所探討六朝仙道，範圍較道教爲窄，主要指六朝時期以修煉求仙爲主旨的道教流派，討論主軸不包括祈禳、符籙、懺儀等修持方式。仙道中的修行方式和理論雖不盡相同，共同特徵是傾向以自力修仙，即便借助神祇之力，也非單純祭祀乞求，而是運用鍛鍊身心的方式來獲得感通。大體說來，六朝仙道可說爲唐宋內丹學的前身，只是六朝時期並無內丹之名，也沒有清晰的內丹理論，但內丹學的若干概念已經形成，而不少六朝仙道的修煉方法也爲唐宋內丹學所承襲、化用。

　　本章試以幾個觀點整合六朝仙道身體觀與修行理論的概念與邏輯，扼要總結，希望能呈示當時仙道共同構築出的理論典型，以供後續研究者參照，在建構道教思想史或宗教文化史時得以釐清六朝仙道原本模糊的面貌與定位。

　　六朝仙道理論典型雖是本文所推論，未必不能表現於當時仙道修煉的思想氛圍中。蓋六朝仙道學者已可發現諸般概念、邏輯彼此之間貫串、會通、延伸的線索，故在思索、體證仙道理論時即受此番典型之影響，有所應用乃至混合鎔鑄。特當時不如今日有《道藏》可資查索，文本詳備、便於研究，所以能夠清晰地勾勒出典型之輪廓規模。

一、六朝仙道理論的核心

　　六朝道教強調生之重要，如《老子想爾注》有「四大之中，所以令生處一者；生，道之別體也。」生命之生長、生存，都是道的表現形式，「生」是天地之間最能體現道的表徵，道生萬事萬物，企求長生實合乎天道。貴生的

觀念是從事仙道修行的起點，是故六朝仙道論及「道」，都特別傾向關注道生養萬物的功能，忽略道之於萬物還有代謝遷滅的那一面。

在巫術的思維中，死亡並非自然，必然是有什麼因素造成死亡，只要找出因素加以排解，便可以令生命復原、延續。以仙道的思維來說，形雖然有變化生死，但作為事物本根的「道」理當不變。事物之所以遷逝，是因為在變化之中喪失或偏離了道。若能守道即可長存不亡，因此透過修煉轉化生命，使生命復歸於道，便得以與道同存，能達到如此境界，即是仙人。此為六朝道教共通的目標。

仙道信仰的核心即相信實有神仙，且神仙可學而致。先秦思想中的仙人乃是與道相合的生命境界，故能外生死、齊萬物、參造化而無我、無功、無名。兩漢觀念中的仙人則是身生毛羽、生有翅翼，展現對於身體的自由掌控，來去自如，逍遙快樂。六朝仙道則注意到修煉之高下而開始分出仙人等級，所謂修煉之高下，其實即是生命轉化趨近於道的程度。生命復歸於道、與天地相合的仙人乃是人之完成、人之價值實現。然而六朝設立尸解或鬼官道人之等級，亦有為修煉者開脫的意味，蓋羽化成仙、白日飛昇者幾不得見，非如此不得取信於道徒。六朝道教又將神仙體系比擬王室朝廷的行政架構，與道、元氣、天象等神格化之神祇一起構成神仙的階級體系，建立天上之朝廷。神仙系譜雖首次於道教中完成，乃宗教信仰上自然之發展，卻不甚對應修仙的理想。此種神仙系譜或者會牽涉而更易修行者存思的神靈對象，但對仙道修行理論影響不大。六朝仙道修煉成仙的主要目的仍是追求生命中苦難、死亡之解脫，追求空間上不受羈絆、時間上不受限制的自主逍遙。

二、陰陽、五行在六朝仙道中的應用

中西哲學思想的顯著差異之一在於處理相對概念：西方哲學思想常用「二元論」來區分，而中國傳統思想則以「對偶論」來處理。「二元論」的特點乃是二元本質不同，有對立面卻乏內在關係，如心與物、上帝與人、主觀與客觀等，其間的溝隙非理性邏輯可消除、跨越。至於「對偶論」的特點則在對舉的兩者乃相反相對又相輔相成的一體兩面。對偶的兩端有其差異卻又具有內在的聯繫，乃此動則彼動的動態關係，往往可用更高的本原來統攝。「對偶論」的表現可見之於陰陽、乾坤、天人、性命等觀念。是中國文化用以描述自身與宇宙的的概念早已形成周密的看法，不外陰陽五行、天人相應之說，

殆已爲治中國文史哲學者所共知共用。六朝仙道解釋宇宙現象的理路，也不例外。

在陰陽概念的運用方面，醫家和六朝仙道都以之描述道、氣在天地間或在人身中的性質。六朝仙道看陰、陽二氣在人身，常與魂、魄觀念相合，《周易參同契》提到人身爲魂魄所居，陽神日魂、陰神月魄形成性情；《太上老君內觀經》論胚胎發育，言陽神化三魂，主生命活動層面，陰靈化七魄，主生命靜態形質；凡此皆表明人具有相對的陰陽二分性質。陰陽二分之概念有時候未必以陰、陽之字眼出現，像是《周易參同契》援《易》立說因此用之，其他或將之轉化爲水火、坎離，像是《老子中經》根據煉丹術水火既濟的想法，認爲心火與腎水之精氣相交、互相溫養滋潤；還有《抱朴子・釋滯》與《養性延命錄》以半夜以至日中六時爲生氣，從日中至夜半六時爲死氣，乃是天地之氣具有消長的觀念。陰陽二分也有可能是善惡的表述，如《太上洞玄靈寶法燭經》說人身的魂是純陽之精，勸人爲善，魄是純陰之精，誘人爲惡。

醫家養生多主陰陽平衡，不過六朝仙道修煉倒不講究陰陽平衡，反而受漢代影響，傾向崇陽抑陰。相較於陰陽分別，道教更追求中和的狀態：如《太平經鈔》說嬰兒在腹中用的是自然之氣，故生；出生後則呼吸陰陽之氣，則邁向死亡，顯示不加分別的自然元氣才能長生。《洞眞九丹上化胎精中記經》提到陰陽二氣相合而生人，認爲人是陰陽交搏而成的中和狀態，不偏不倚、兼融化用。《太上洞玄靈寶法燭經》於陽魂、陰魄之外，另言「神」乃中和之精，道之子也，也惟有「神」才能修煉成仙。《老子》言「道生一，一生二，二生三，三生萬物」，仙道之歸根復命即是要消解分化與對立。可以說仙道內修的操作思維是朝對立面的融合與統一來努力。

仙道中運用的五行系統之一，是用五行類象把事物聯繫分類。六朝仙道承襲醫家藏象學說中五臟、五行的配對，以東方爲春季屬木屬肝、南方爲夏季屬火屬心，西方爲秋季屬金屬肺，北方爲冬季屬水屬腎，中央爲常夏屬土屬脾。《黃庭內景經・心神章》中五臟神名、字的意義和特徵便合乎五行搭配，而《抱朴子・雜應》中的服氣法更是講究，其吸收五行精氣需按照方位、季節、星宿、顏色，來調養對應的五臟：「春向東食歲星青氣，使入肝；夏服熒惑赤氣，使入心；四季之月食鎭星黃氣，使入脾；秋食太白白氣，使入肺；冬服辰星黑氣，使入腎。」《老子中經・第三十五神仙》所描繪的丹田位於臍

下三寸，法天地人三才，是宇宙組成三要件；方圓四寸則象四時，乃時間的循環；丹田具有五色，則利用了五行類象，表示具備基本元素或者氣的五種型態，也呼應五臟的聯繫。如此設定就是透過諸般象徵符號，將丹田視爲人身宇宙中更根本、更爲核心的小宇宙，亦等同小型的生命模型。

五行系統之二就是應用五行生剋作爲現象之規則。《周易參同契》的煉丹學說中用五行生剋爲丹藥化合的規則，如〈同類合體章〉云「金以砂爲主，稟和於水銀」，把丹砂當作金之主（土生金），金賦予特性給水銀（金生水）；〈流珠金華章〉的「火性銷金，金伐木榮」應用顛倒五行來煉丹：火剋金，但金經火煉則純粹；金剋木，但木經金削則成器用。凡此即是煉丹家套入五行系統所詮釋的因果。

至於五臟的生成與衰退，則是將五行類象結合五行生剋的好例子：人體發生學上，腎生脾，脾生肝，肝生肺，肺生心，屬性順序分別是水、土、木、金、火，乃逆行五行相剋；當人年紀增長，五臟之氣衰退，照《靈樞・天年》之說，卻是肝、心、脾、肺、腎——亦即木、火、土、金、水的五行順生序。是以，不管是要使生命重生，或是要身體繼續運作生存，修煉順序都應採五行逆剋。這與煉丹家將五行視爲藥物的類別，煉丹還丹需以五行相剋爲父母，可謂一致。五行系統的分類配屬，可以將身體內外各種事物聯繫成彼此對應、牽連的網絡；加上生剋規則的變化足夠繁複，能夠解釋更多現象，故爾五行概念在六朝仙道中屢屢出現。

三、氣化論在六朝仙道中的應用

六朝仙道承襲先秦兩漢以來的氣化論，認爲氣瀰漫於天地間，氣之聚散表現爲有形、無形；氣又出入事物，流行不斷，成爲萬物之間交流的中介，是故可以用氣來解釋事物的變化。既認爲是由一氣或元氣生化萬物，人身也是由陰陽二氣相合或是九天之氣稟賦而生。而氣可以在有形無形之間轉換、可以在腐朽神奇之間轉換，事物不具有固定的本性，則生命的形態或性質就蘊含轉化的可能。

凡人生命要成爲仙人生命，必須經過轉化。其前提是身體具有變化的可能性，而且可用適切方式來轉化。先秦神話乃至兩漢魏晉民間傳說，不乏人能變物的故事，顯示人可以不受限於一身之形體。變化論由於有氣化論作爲基礎，得以完美支持變化的可能性。身體既由氣所構成，只要能操控氣，理

論上便可以操控身體；修練之操作只要能將氣復歸於原初以及充盈的狀態，理論上便可以接近得道。

氣又具有神祕的性質。氣之有無就能解釋生命之生死。具有特殊性質或意義的精氣能生生命、推動生命活動；能賦予事物屬性，甚至是情性或知覺。先秦思想的詞彙中，精、氣、神、道、德等在氣論的範疇中，其基礎意義往往互通，仙道亦然。爲了能復歸於道，以及確實把握修煉的對象，仙道常視氣爲道之載體或呈現，道氣合一。然則守一即是守道，閉氣胎息亦能養氣結精。又人稟元氣而生，因此道氣就在身中，不假外求，故論修煉吐納最終可以不拘時空，蓋存養的實是內氣。

四、修煉轉化身體的原理

六朝仙道修煉既承繼漢代煉丹術又發展自力修煉，對於身體轉化的想像常來自煉丹。故於身體觀中可見到仙道過渡了煉丹術的詞彙、概念來描述胚胎發育及身體的構造。而《神仙傳‧王遠》說「經忽身體發熱如火，欲得水灌，舉家汲水以灌之，如沃燋石」，加熱身體然後灌水冷卻的步驟；或者存思引天上赤氣、呼召身中神靈、運五臟之氣等化爲火光以燒去疾患乃至煉化形軀濁質，均隱含著將身體視爲鼎爐來淬鍊體內丹藥的意味。

內在修煉的邏輯較煉丹術同類相從、假外以堅內的原理更爲直接。人生來稟賦先天精氣，依氣化論可以轉化身體、復歸於道。身體的轉化有二：一是除去身體內外賊害生命、妨礙成仙的因素；一是積累精氣、存養精神直至盈滿。兩者一而二、二而一，當精氣溢滿腠理、筋骨轉爲緻密，則邪氣便被排除、無法入身。陶弘景把人體修仙實踐，類比於「埏埴以爲器」，陶土喻凡夫，陶器喻仙人，凡體、仙體本質均爲土，合乎萬物均稟氣而生的本體論；差別在於仙體經過修煉而成就，說明精氣充盈而凝聚就會產生質變、提昇，如此身體轉化便像陶土鑄煉成器不再復還爲土。

中國傳統的心氣工夫論是後世修煉身心理論之背景，將六朝仙道的主流修煉方式對照第二章所談的工夫論，其養氣修煉大體上順著中國傳統的踐形工夫論路子。傳統工夫論與六朝仙道所共通的修行觀念大致歸納如下：一、修行涵括身心，身心相互連通影響。二、心爲身主、以心領氣。三、修行之基礎在天道性命相貫通。四、修行之轉變是透過充養精氣或引導體氣來達成。五、修行之目的在成德合道以天人合一。一言以蔽之，中國傳統的工夫論建

立了生命性德可以藉由身心修行來實踐的主觀根據。

天人之所以能合一，因為有天人相應的前提存在，人身自為小宇宙呼應外在的大宇宙，意即人身中精氣運作方式同於天地之氣流行，故服氣、存想皆須順應天地規律，乃至模擬氣的流行。以心領氣在孟子工夫論中是修養心性，浩然之氣乃隨著實踐良知而擴充，由浩然之氣逐漸完成性德之踐形；而六朝仙道的存思、行氣雖同樣是靠著精氣來完成身體轉化，不過是採用以意志導引氣行的方式。不僅僅是心志有所朝向，然後讓精氣自然地轉化身體，更是心志直接控制身體的精氣運行。然而，意念如何定然可以操縱精氣運行？在佛教來說，心與氣之間的隔斷或疏離正揭示了心不為五蘊之主；對六朝仙道來說，這樣的隔斷或疏離恰好是凡人心未知道而離道的證明，也正是修煉所要跨越的難關，沒有虔誠堅定的信仰與清明專一的心志，便無法成就求仙。

五、稟氣賦性說的局限

道教相信生命應有的樣貌便是復性歸根、全德得道，如《真誥・甄命授》以為稟賦之性與道體通，故道令生命皆好至道而欲合之。依《抱朴子》，性好修仙則是生來即稟賦修仙之性德；換個說法，就是命中註定求仙，故云「我命在我，不屬天地」。

其次，再根據「道氣同一」的邏輯，氣作為生命現象的本原，是仙道修煉的材料；氣也是道的表現，因而可以由一身之氣來理解道。有了「氣」這一內在的根據，人藉由道經開示，進而內觀一身、服氣存思，便能自知「道」如何在一身運動、轉化，自悟自修。如《老子中經》認為虔心存思身神，則神靈可示成仙之道。

可是，精氣在身就會引出精氣是否足夠的問題。如前文所言，唯有精氣充盈方能產生質變。若然，精氣充盈與否成為修仙的門檻。《太清境黃庭經》言「真精在腎，餘精自還下丹田；真氣在心，餘氣自朝中元，悉歸黃庭正景。」體內精、氣先須完足充滿於腎、心，多餘真氣、真精才會歸於中元（黃庭）、下丹田，如此方能用於修煉。求仙者必先達到生命能量充足，才具備資格跨入修煉的門檻。

更重要的是，氣化論雖然讓生命有變化之可能、稟氣說解釋了命中帶有求仙潛力，同時卻給予修煉者稟賦優劣的先天限制，此所以《神仙傳》中注

重有無成仙之骨相。六朝仙道修煉畢竟以轉化身體爲依歸，但個人身體資質是否適合修仙實難自明。六朝道教作爲普遍傳播的宗教，在修仙理論上宜讓所有人都有機會，不過稟氣命定的理路既是成功的解釋，也一樣可以作爲失敗的解釋。

六、六朝仙道身體觀的特色

仙道修煉既要轉化生命，當須深入了解身體。故道經談到胚胎、臟腑的形成或身體中的流行與構造，多爲符合仙道修行理論而特意安排，爲仙道修煉架構可用的身體觀。仙道理論中的身體是複雜整合的可操作工具；而且是天人相應的形、氣、神交融無間之身。

六朝早期道經如《黃庭經》和《老子中經》中，五臟都各有功能：肺與身體精氣運行有關，心作爲意識主體可以存思而受重視，腎藏元精爲生命本源；又特別關注運化水穀精微、維持生命的脾胃，因此其存思五臟時最重脾胃。另外，仙道也根據其存思、行氣等修行體驗歸納出不同於醫家的獨特身體藍圖，即以身體中軸爲人身重要部分，如腦、心、膽、命門／丹田。上清一系的存思修煉法，便不以五臟爲主，多半存思上丹田腦部泥丸宮、中丹田心之絳宮、下丹田命門宮。意識主體即原本所謂「神」者，移交至腦，心則依原本醫家之說法主氣血，藏先天元精的功能則由腎轉至命門。

六朝道經少論一般之氣血運行與經絡走向，關於身體中的流行只關心來自先天的精、氣、神。蓋其邏輯只在復反生命根源，相信保養與轉化先天本有的氣、精、神，就可以掌握生命令身體不死。精是生命之基礎，有精方孕育生命；氣是流動在身中、維持生命、傳達資訊的中介，有氣則神能使形；廣義的神是生命活動的展現，狹義的神是心理層面的生命活動。值得注意的是，六朝道教看「神」爲生來本有的清靜合道之心，故常將「神明」連用。仙道修煉若非需要存思居於身中之「神明」，就是需要清明之「神明」心境，不論何種「神明」之展現，都是仙道理論中修煉應備的心理或生命特質；即便是神格化的身中之神，仍象徵天道賦予人生來即具之性德，生命若循此本有之德而修煉，即易於歸根復命，邁向成仙。

至於魂魄，醫家與道家均認爲與心理狀態有關。醫家認爲魂魄散失令心神不寧，對於魂魄內涵存而不論；道教則從宗教信仰出發，相信魂魄具有想法、人格，會影響意志行善行惡或心理狀態的健康與否，需要透過法術、儀

式加以禁制。其禁制七魄或三尸，實爲宗教對意識所作之道德規範。不過，六朝道教禁制魂魄並不只是宗教儀式，藉由魂魄之象徵圖象來把握無意識對於意識造成的解體心靈部分，可能具有心理治療的意義。

六朝道教以宗教信仰的眼光解讀生命，神化生命現象乃至五臟活動，將身體配置爲神靈的住所，身中諸神各在其位坐鎮來協調身體功能，認爲神常居人身則長生。人體有一套上與天道呼應、下與修行連結的嚴密系統。仙道的身神觀奠基於道氣合一：道氣化爲天地間的神靈，人既稟道氣而生，氣於人身中也化爲神靈，不僅主宰臟腑功能、生命活動，更能指引修仙。身中有神的身體觀以隱喻語言或象徵圖象勾勒人體結構，或許是修煉者內觀所見的心靈景象，根據榮格心理學，此可能具有深層無意識的來源，並非僅出於幻想。

七、六朝仙道的存思法

存思乃六朝仙道修煉的主流方式，一類是想像五方、日月星辰精氣入體充養五臟；其二是想像身中神靈形象歷歷清楚，或促進臟腑功能，或與神靈感通而能護身延命、祈求不死，或請神靈臨身轉化生命、養育仙胎。其背後邏輯乃是氣化萬物和天人相應，因而天神與身神同源共感。所謂「積感結精，化生象見」即存思建立在於意識能與身神感通、身神又與天神感通的雙重信念上，修仙即是重新建立人與天的連結與合一。

存思爲六朝仙道修煉法的主流，如服氣法的行氣導引已帶有存思身中精氣運行作爲輔助，打破服氣限制，也更增效果。而服日月或五方精氣時則存思精氣入於五臟滋養，轉化凡體，甚且存思精氣凝於黃庭、丹田或泥丸中，以育成仙胎、眞人。其次，六朝道教主張之守一，其中一類乃是專守身中精氣或精神不失，可能隱含存思之操作；其後於專意於身中部位，乃至守身神、三一等，雖言守一，實即存思之不同類型。發展至六朝後期，幾乎其他修煉法門都和存思或多或少相關交融。由存思運用之頻繁、出現比例之吃重可知，存思確實是普及於六朝仙道的主要修煉方式。

存思與仙道的身體觀關係密切，身體觀的內在圖象乃至身中諸神的功能、所在，都是爲了結合存思以進行修煉。存思依據仙道的身體觀，發展憑藉意識以修身成仙的內在修煉法。《老子中經·第二十六神仙》之「子欲爲道，當先歷藏，皆見其神，乃有信，有信之積，神自告之也」，乃是仙道中「知道」

方能「得道」的體現。「知道方能得道」向來是仙道修煉的大前提，因此指引
修煉的道經往往在前文大篇幅論述道的本質及功能。「神明」是神祇，同時也
可表示清明之智識，因此存思體內神明現形，正雙關著存思是清明心境透過
道經教導而習得的對身體內外正確的理解，以及修煉得法令神靈精氣入身充
足而成功地「結精感神」。是以存思法可謂對意志的功能給予最高度的信賴。
不過，存思並非完全倚仗自力，既然在意念之中仍感通於天以獲得助益，可
知不是單靠自身就能成就的封閉系統。

　　另外，存思之法雖與密教觀想類似，但六朝佛教修行法門多為禪法、止
觀，其方法、目的、取徑均大不相同；而六朝密教未興，尚待唐時方在中國
發揚，故六朝之存思與密教觀想實質上並無關聯。只能說這是人類在身心構
造與心智底層具有共同的基礎，因此體現於神祕主義和巫術原理上彷彿相通。

八、六朝仙道修煉的運作理路

　　道家與道教容易產生復歸於道的思考，而先秦道家與六朝仙道產生的時
代背景剛好都傾向崇本抑末、重樸輕文，故同樣主張以逆反作為修煉的方向。
表面上，逆反是背反人事之常，棄凡人之戕性害命，才是踏上修仙之途。深
層邏輯上，逆反即回溯生命之初始，是以道家言歸根復命、煉丹術說還丹、
六朝仙道則講孕育仙胎。六朝仙道關注胚胎發育也是為了要建構復歸於嬰兒
或養育仙胎的修行理論。後世內丹學在此基礎上明確提出了「順則生人，逆
則成仙」的說法。

　　六朝仙道修煉隱含奪盜的操作原則。天地萬物之間的精氣互相出入流
動，因而產生事物的連結與變化，這是氣的流動平衡。人不能意識內守、感
官復為外在所動搖，因此生命活動中不斷耗損精氣，導致衰老、罹疾、死亡。
奪盜之目的就在補養精氣，修煉上即是服食和服氣。服食是採取與己有益的
藥物或金丹，藉其特性來同化自身；服氣則是讓攝取充養回歸到基本面，直
接攝取五方、日月星辰的精氣以保養五臟、調理精神；吐納行氣則配合漱嚥，
導引精氣達於丹田、四肢末梢而充滿身體。服食與服氣同時多半配合辟穀，
其邏輯乃是反人事之常，斷絕於修煉無益的五穀糧食，讓脾胃轉而吸納更為
有用的藥物或是精氣。同樣是「假外以修內」，服氣與服食丹藥最大的不同在
於，服氣多靠修行者本身意念操作，嘗試掌控自己生理與心理的狀態。

　　除了奪盜天地精氣以養自身，反過來說，還需要保守自身精神不失。六

朝仙道一致主張寶精、守神，因爲此點在仙道修煉中更爲基本，蓋精氣虧損
小則無以跨越轉化身體的下限，大則精神外馳、傷身害命。精神在六朝仙道
中有多種表現形式，所以保守精神的方法也不拘一格：房中術當然是寶精守
氣，不過小至握固之動作也可防止精氣散逸。吐納時入多出少、不擾內氣，
是固本培元；憑藉意志，存思散逸的神精回歸自身，亦是保守精神。一言以
蔽之，保守精神可用「守一」概括。一者，道也，元氣也。從東漢末《太平
經》、《老子想爾注》至《黃庭經》、《抱朴子》，再到上清系的道經，均提及守
一，而所指內涵相異：或以「一」爲實質之存在，確實可守者：有的專意於
身上某一部位，有的存思身神，也有合二者而言，於身體中軸的部位上存思
該部主神，如腦部可守雌一，或於三丹田中守三一等等。或以「一」爲抽象
之「道體」，守一就是守道不失，例如保持心境恬淡寡欲，還有遵守道誡使生
活符合道之原則等，都是要讓精氣固守身中而不失。

　　最後，六朝仙道修煉法門已透顯內修的特色。內在修煉理路結合了傳統
的氣化、天人思維，與仙道身體觀、道氣合一之說，自成完整的辯證系統：
身體既是修煉之工具，也是修煉之對象，且是修煉之指引。越清楚了解自身，
越能掌握身體之修煉；相對地，越修煉身體，則人對於自身生命就越清楚明
白。諸般內修法門均建立在「心與氣通、神與道通、人與天通」的根本理路
上，儘管操作、進程參差歧異，但都立基於此一理路，是以咸信朝向正確的
修煉方向去實踐，身體轉化就會形成正向的回饋循環。

　　經由上述總結，我們可說，六朝仙道是相當務實的宗教，與當時魏晉清
談講述三玄的風氣和氛圍大相逕庭。他們不採用哲學思想來認識道、認識宇
宙，而是致力於身體的改造與修行的實踐。對於道、氣、宇宙的認知，多半
是在信仰層次，而非哲理層次。仙道理論中的觀念與邏輯都是爲了修煉成仙
所設立，不僅對身體的認識如此，對於天上神靈的認識也是如此。仙人是可
以追求的生命境界，修行者只怕意志不夠專一有恆，故藉由修煉中身心狀態
的改變，或感受到療疾延年的效果，以證明、支持「仙人可學」。道在求仙者
的眼中，雖然不可揣摩，卻能實際把握，隨著修煉，精氣愈充盈而感通愈多，
終能神而明之。這樣重視實踐的積極態度，與先秦以來重修養工夫的思想傳
統有關，與養生方術和醫家注重實證效驗有關，也與煉丹術的工藝、實驗精
神有關。歸根究柢，就是懷抱著「經過修行，人的意志將貫徹生命，可以完
全掌握自己的生命，獲得眞正的自由」的信念。

九、修道觀念的承繼與過渡

除了上述結論呈現的仙道修煉典型外，六朝仙道亦偶有歧出主流的觀點，開始主張修行宜寡欲恬淡、清靜無爲者，如：《漢武故事》中西王母表示若不能排除情欲，則仙藥未可致也。《老子說五廚經》爲南北朝早期道經，表面上仍保持五方食氣的形式，但咒訣實爲修行時謹記在心的義理，近於守一，具有內修的傾向。《黃庭經》「恬澹閉室內自明」呼應《莊子‧人間世》的心齋；對於存思時身體所起的變化，應該也要恬淡看待。另外，不管哪一類「守一」法，共通特徵就是專一以凝神、寡欲以清靜。

此種清靜無爲的修煉態度，與仙道意圖復歸於嬰兒的方向頗能相合。像《太平經鈔辛部》以爲呼吸宜返回嬰兒尚於胎中時，不加分別的「自然之氣」狀態，反映了道教返元歸根思想。《老子想爾注》談衰老的原因在於自我意識逐漸增長；而嬰兒無知無慮，是爲無爲；精氣飽滿，故能自然應對外物而仍守於初樸境界。《西昇經‧道虛章》「欲視亦無所見，欲聽亦無所聞」云云，強調不以感官運作爲生命的目的，不以認知感覺爲生命處理的對象，如此生活情事皆不刻意欣厭取捨，精氣就不會耗損而自復完足。六朝原本作爲服氣法的「胎息」亦可走向虛靜其心以養氣的工夫論一路，如《高上玉皇胎息經》即云「守虛無以養神氣」、「心不動念，無來無去，不出不入，自然常在」，意識恬淡不妄動，生命活動自然回復本來百脈暢、關節通的狀態。

先秦道家對於養氣，採取抑損意識欲望的虛靜之法，心能虛靜則精氣自來。這路無爲自然、心齋坐忘的養氣法，雖非六朝仙道主流，卻在守一、胎息等修煉法中醞釀。蓋仙道既宗道家，則意識勉強使氣、煉形，實與道家之旨相違；而仙道修煉殫思竭慮於一身汲汲營營，亦與道家忘身合道悖反，故不免逐漸產生對當時修煉操作的省思。再加上認識到佛教傳入中國的般若義理和止觀法門後，六朝後期的仙道開始檢討心志意識對「道」的掌握、對身體精氣運行規律的理解，以及修煉方式等等是否順合於道，從而緩步調整修行的方向，後世仙道則將清楚分別出先修性與先修命兩條入手，其中先修性一脈更加傾向先秦道家的修道觀點。關於六朝仙道理論的轉向，詳見第七章餘論。

第七章　餘　論

　　六朝仙道的身體觀與修行理論於前述章節已可見大較，然尚餘一個環節
需要銜接，即六朝仙道如何過渡至內丹學，故撰餘論概要交代。

　　六朝仙道前接秦漢道家、神仙家，其後轉出內丹學，處於承先啓後之過
渡階段，在外丹修煉、祈禳符籙之外，吸收醫家學理、養生方術、修煉者經
驗傳述，發展出憑藉自力成仙的內在修煉方法。就道教修行所承襲的傳統，
與道教轉化生命之宗旨來看，內在修煉乃是道教修行實踐的必然趨向。六朝
道教於此時發展起來的修仙理論雖未必全爲內丹學所襲用，但不能否定其間
有思想上的承傳關係，可以說是道教內丹學之肇端。六朝仙道的內在化趨勢
在前面幾章討論中時不時會透顯出來，表面上是未經統合的零散例證，不過
這些現象背後應可梳理出潛流相通之演變脈絡。

　　以下不避繁瑣，將再闢二節略作討論，以明六朝仙道與唐宋以下的內丹
學之關連。首先，將概述內丹學在唐宋之主要發展，以及「內丹」興起之意
義，藉此交代六朝仙道中有何概念可供內丹學化用的素材，以及內丹學崛起
之可能因素。其次，介紹仙道修行理論有回歸先秦道家修心以修道之工夫論
的轉向。此一轉向並非在唐宋時期才崛起，而是六朝仙道以秦漢道家與黃老
學的哲思爲依據，檢討六朝仙道主流的修行方式過於刻意有爲乃不合於道，
於是產生回歸先秦道家無爲自然以修道的聲浪。

第一節　唐宋時期仙道的轉向：內丹學

　　「丹」在葛洪的煉丹理論中，種類繁複，不只有金丹、神丹，也包括小

餌丹方、雜碎丹方，大致看來都是通過一定方法加工或變化而成的外在丹藥，相信服食後可以延壽治病。到了《眞誥‧運象篇》中，所謂仙丹妙藥則成爲內修的隱喻：「玉體金漿，交梨火棗，此則騰飛之藥，不比於金丹也。…火棗交梨之樹，已生君心中也，心中猶有荊棘相雜，是以二樹不見不審。可剪荊棘，出此樹單生，其實幾好也。」〔註1〕玉體金漿是不同於金丹的傳說之仙藥，交梨火棗則生於心中，比喻生來本有或藉修煉感應而得的體內長生藥物。這固然是因爲煉丹術大行其道，因而內修方術借用了煉丹術的語彙來說明、比擬或增加說服力，但也表示「丹」概念的外延不斷拓寬。

至唐代時，此種以外丹喻內修的論述更爲常見，如《元氣論》引《太清誥》：「許遠遊與王羲之書曰：『夫交梨火棗者，是飛騰之藥也。君侯能剪除荊棘，去人我、泯是非，則二樹生君心中矣。亦能葉茂枝繁，開花結實。君若得食一枝，可以運景萬里。』此則陰丹矣。但能養精神、調元氣、吞津液，液精內固，乃生榮華，喻樹根壯葉茂，開花結實，胞孕佳味，異殊常品。心中種種，乃形神也；陰陽乃日月雨澤、善風和露，潤沃溉灌也；氣運息調，榮枝葉也；性清心悅，開花也；固精留胎，結實也；津液流暢，佳味甜也。」〔註2〕從「丹」之詞彙大量借爲內在修煉的比喻，便可見到仙道不再拘泥於外在有形有質之丹，甚多修煉之說轉爲具有內修傾向，或以內修理路重新詮釋。

依據文獻，隋代之前，道教雖有內修之術，但未以「內丹」涵括之。隋文帝開皇年間，羅浮山道士青霞子蘇元朗，托言曾學茅山，得大茅眞君祕旨，撰《龍虎金液還丹通元論》及《旨道篇》，提出內丹之道作爲修仙的途徑，是內丹理論已然大備。〔註3〕然內丹理論眞正影響後世道教，造成唐宋內丹學之

〔註1〕　《眞誥‧運象篇》卷2，《正統道藏‧太玄部》冊35，P.20-2。
〔註2〕　《雲笈七籤‧諸家氣法‧元氣論》卷56，《正統道藏‧太玄部》冊37，P.690-1。
〔註3〕　參李養正：《道教概說‧隋唐五代的道教‧隋代之道教》，P.106-107。據書中所引《羅浮山志‧蘇元朗傳》，其內丹理論爲：「天地久大，聖人象之。精華在乎日月，進退運乎水火，是故性命雙修，內外一道。龍虎寶鼎即身心也，身爲爐鼎，心爲神室，津爲華池。五金之中，惟用天鉛，陰中有陽，是爲嬰兒，即身中坎也。八石之中，惟用砂汞，陽中有陰，是爲姹女，即身中離也。鉛結金體，乃能生汞之白。汞受金烹，然後審砂之方。中央戊己，是爲黃婆，即心中意也。火之居木，水之處金，皆本心神。脾土猶黃芽也，修治內外，兩弦均平，惟存乎眞土之動靜而已。眞土者藥物之主，斗柄者火候之樞，白虎者鉛中之精華，青龍者砂中之元氣。鵲橋河車百刻上運，華池神水四時逆流。有物之時無爲爲本，自形中之神入神中之性，此謂歸根復命‧猶金歸性初而稱還丹也。」其術語、訣竅、內煉方式，和宋代內丹修煉差相彷彿矣。

崛起者，一般認爲可以從鍾呂金丹道開始講起，此後關於內丹修煉的論著始紛紛出現。此派所倡導的內丹修煉，以天人合一思想爲基礎，陰陽五行學說爲核心，形神是生命的基本，形中又寓有精，精能化氣，氣能化神，如此的內丹學就綜合了自古以來道教對於神氣關係的觀點。煉形即是以煉氣煉神爲修仙方法，其原理是將人體比作爐鼎，以人身中的精氣爲藥物，運用心神去燒煉，認爲最終可使精氣神三者聚凝不散而成丹，修成即可成仙，則形體可以翻然而脫離凡軀。此所謂丹又稱爲聖胎，言聖胎可以離開軀體成爲身外之身，以此身外之身能永世長存。在《鍾呂傳道集・論四時》中已可見到「煉精生眞氣，煉氣合陽神，煉神合大道」〔註4〕這樣的說法，爲後世內丹修煉「煉精化氣，煉氣化神，煉神還虛，煉虛合道，結爲聖胎」〔註5〕程序之濫觴。後來內丹學所談的精氣神，精乃指身內先、後天一切生命元素之精華；氣非呼吸之氣、亦非氣血之氣，乃指身內、外之精華經鍛煉而昇華之先天流行元氣；神非意識之神、也非生命活動之展現，乃是一靈獨耀，迴脫根塵，能自由主宰生命來去生死之元神。煉精化氣，是使精還原爲氣；煉氣化神，即是使氣提昇至神；還虛、合道，即返還太極、無極之眞。

據說爲陳摶所刻之「無極圖」，在（宋）周敦頤取之作〈太極圖說〉後受到重視。原圖講述仙道，實繼承《周易參同契》以來的丹道理論，與鍾呂金丹道的內丹煉養方法頗似。有順、逆二種解釋，從上而下乃順以生人，即宇宙生成論：無極而太極、陰靜而陽動、五氣順布、順以生人、化生萬物；由下而上乃逆以成丹，即煉養內丹法：得竅、煉己、和合、得藥、脫胎還虛。自此建立內丹修煉的五個階段。煉養內丹的要旨是「心腎相交，水火既濟」。「逆」一方面指逆反自然生化的過程，二是指心之火性本炎上、腎之水性本潤下，修煉則要使火下溫腎陰，水上養心陽。〔註6〕陳摶之後，論內丹則有張伯端《悟眞篇》爲代表，分性功、命功，先修命、後修性。命功即以人身精、氣、神爲藥物，逐步修煉結成金丹；性功則吸取佛教禪修理論，教人求悟本原眞覺之性。張伯端論內丹，上溯鍾呂金丹道，以《老子》和《陰符經》爲詮解依據，其思想有三教合一的特點，大體上總結並補足了內丹學理論與方

〔註4〕　《修眞十書・鍾呂傳道集》卷44，《正統道藏・洞眞部・方法類》冊7，P.468-2。
〔註5〕　（元末）王玠註：《崔公入藥鏡註解》，《正統道藏・洞眞部・玉訣類》冊4，P.235-2。
〔註6〕　見李養正：《道教義理綜論・第四章》（北京：宗教文化出版社，2010），P.378。

法。故後人尊張伯端爲道教清修丹法之南宗祖師。

經過唐代鍾呂金丹道，內丹理論及方法方始系統化，至張伯端《悟眞篇》，後世內丹學架構於焉大成。不過，其中核心要素都是前有所承。例如，精、氣、神三者本來就是先秦至於六朝談論生命內涵時常用的範疇，只是三者原本並無如此明顯的高下層次區分，精、氣、神甚至可以共通、統攝而言，皆是氣的不同表現。到了六朝仙道後期，精、氣、神便有了生成的順序，由氣凝精，由精生神；精、氣、神也配合三丹田而各有藏所：精爲生來元精，下丹田主之；氣爲生命功能，中丹田主之；神爲意識或身神，上丹田主之。如此的層次觀已爲後來內丹學提供了素材。再者，內丹學修煉內丹的邏輯亦模仿自煉丹術，如注重時辰火侯、鉛汞爲藥物、納甲易數配合八卦五行等，都借用煉丹術語而講述修煉內丹之過程，可以在東漢魏伯陽的《周易參同契》中找到痕跡。甚至金丹道中所謂養育聖胎，其說法亦已略見於《黃庭內景經》的「結精育胞化生身」、《老子中經》之哺育眞人子丹，乃至六朝時主張存思修煉的道經如《上清祕道九精回曜合神上眞玉經》中養成的太一玉嬰等。六朝仙道雖然還沒有發展修出元神以成仙的思維，但已認定身中仙胎可以離體上天，交通神靈，亦是肉身飛昇不可或缺的關鍵。其三，後世內丹學修煉時所謂虛心靜心以積累精氣、以意引氣行走周天等說法，實爲先秦以來常見的修養工夫與心態。此類主張無爲、修心之修行法門在六朝仙道中雖不明顯，始終有其潛流，未曾中斷，終於六朝後期逐漸發揚，仙道學者開始檢討六朝之修行理論，走出重視修性的仙道理論。至於逆反萬物生化以復歸於道的修行方向，更是仙道理論早在漢魏六朝便建立的前提。

張廣保認爲，「至遲在漢代，作爲一種具體道的形態的內丹道已正式確立，內丹道已實現了由術至道的跨越。」〔註7〕大體而論，廣義的內丹理論，下限可以提早至六朝，亦即在六朝仙道修行的理論中，已經具備修煉內丹的素樸觀點與修行方法。但我們也不宜放大六朝仙道對於內丹學的貢獻。除了六朝時未有內丹之名加以涵攝成內丹學，其修行理論實有不全之處。檢視本文例證，即知六朝仙道詳談修煉之準備、方法、步驟、注意事項，卻略於身體修煉成仙後、以及修煉過程中各轉化階段之體證，比如：精、氣、神之運作於漸次提昇時有何不同？隨著存思得力而身中諸神與天上諸神會通的情況是怎麼樣？或泥丸君與識神的關係在返本還元時將變爲如何？所成就的仙胎

〔註7〕 張廣保：《唐宋內丹道教・引言》，P.5-6。

或真人子丹是否取代自我意識？諸如此類，均未加說明。相比於佛教雖云開悟證道是「心行處滅，言語道斷」，仍有所謂暖、頂、忍、世第一之四加行，即是初步修證的狀態；《楞嚴經》更詳說七處徵心以明心性、五十陰魔作爲五蘊境界之參照。或是唐宋以下內丹學，修煉進路雖多難解的隱語秘訣，卻不避煩細，如鍾呂金丹道的《祕傳正陽真人靈寶畢法·中乘長生不死法三門·肘後飛金品》細談真氣周天運行之逐步培育：

> …自尾閭穴，如火相似，自腰而起，擁在夾脊。愼勿開關，即時甚熱，氣壯，漸次開夾脊關而放氣過關。仍仰面，腦後緊偎，以閉上關，愼勿開之，即覺熱極氣壯，漸次入頂，以補泥丸髓海。…自離卦採藥，更無腎氣相合，而肝氣自生心氣，二氣純陽，二八陰消，薰蒸於肺而得肺液，下降包含真氣，日得黍米之大而入黃庭，方曰內丹之材。…勒陽關法自坤卦爲始而坐至乾卦方止，如此又一百日足，泥丸充實，返老還童，不類常人。採藥就胎，仙完而真氣生，形若彈圓，色同朱橘，永鎮丹田而作陸地神仙。〔註8〕

此種詳細程度爲六朝論述所無。然則六朝仙道略於修煉進程的現象，正顯示六朝仙道的內在修煉細節均尙在發展，因此關於精氣轉化或溫養仙胎之細節無暇顧及。

當然，「內丹」名稱並不是在一套嚴謹分明的體系下出現，可以想見內丹開始流行時，也不會有明確的內涵外延，不同的仙道派別看待「內丹」的技術與涵義便可能不同。從六朝至於唐代，「內丹」一名甚至泛指仙道中的內修方術。直到南宋，道士吳悞在《指歸集·總敘》還認爲：

> 內丹之說，不過心腎交會，精氣搬運，存神閉息，吐故納新，或專房中之術，或採日月精華，或服餌草木，或辟穀休妻，皆所以求安樂也。其中惟存神閉息，如能忘機絕慮，往往與禪定頗同。〔註9〕

這裡說的修煉內丹便採廣義解釋，唯更重存神閉息一路，視爲與禪定相類。如此看法不執著於「內丹」一詞之意象，或許更接近後世內丹學修道的態度。不過，大抵說來，仙道還是對「內丹」有某種從煉丹術與六朝仙道理論中承

〔註8〕　《祕傳正陽真人靈寶畢法·中乘長生不死法三門》卷中，《正統道藏·太清部》冊47，P.922-2 至 923-1。關於此段文字的解釋，可參石田秀實：《氣·流動的身體》，P.255-258。

〔註9〕　南宋初·吳悞撰：《指歸集》，《正統道藏·洞神部·本文類》冊32，P.268-1。

襲而來的，關於孕育、養成、煉化的想像。而「內丹」一詞的提出與流行，
則具有統攝各種內在修行理論，匯聚在內丹學架構之下的意義。

何以仙道修煉會從煉丹術轉向內丹學？舊說以爲神丹金液黃金等仙道理
論，一來材料、器具、操作等方面所費不貲，二來在攝生實驗中弊害畢露，
三來難見成效，故南北朝的仙道修行者便不能不改弦易張，逐漸結合養生方
術，向內修引伸發展。如此解釋毋寧是只注意到表面現象，太過一廂情願。
若從更寬廣的視角來看，漢魏六朝降至隋唐，道教的各種修行中同時存有煉
丹術、辟穀服食、服氣行氣、存思、守一，甚至也有祭祀、祈禳、符籙等方
式。冶煉金丹當然是葛洪提倡的主流，上清一系的存思卻也在六朝中大行其
道，唐代還有許多關於服氣的著作。各種修行理論更迭流傳，其實從未出現
單一方向全由煉丹術轉爲內丹學的情況。至少，唐代仍撰述了不少煉丹術的
著作，煉丹術並未明顯沒落；反觀六朝道經，亦不乏內在之修煉法。但煉丹
術與內在修煉的理論持續互相交流影響，確實觀察到仙道轉向內丹學的現
象。蔡林波乃說：

> 六朝道教確實存在以儀式化的內修理論和方術，與丹術相附和，並
> 改造煉丹術的行動與趨勢。同時，這必然使得煉丹術本身的儀式化、
> 內在化特徵愈加明顯。〔註10〕

這是修煉方法的交流會通，使得煉丹術吸收了內修法而傾向於內在修煉，如
《周易參同契·二氣轉化章》的閉守感官、靜養精氣；同時修煉身體也採納
了煉丹術的結構，如本文第三章談身體轉化之尸解如同金屬淬煉過程，第四
章談身體觀說身體有如鼎爐、精氣九轉有如結丹云云。六朝仙道在以成仙爲
目標的修煉方法中，「由過去對藥物的伏煉，轉向了對自我的伏煉」，提示著
內丹學即將興起：「人身取代昔日的山林洞天，成爲道人尋覓和伏煉藥物、還
丹成仙的地方。」〔註11〕

另外，道教作爲一種宗教，有其非理性的信仰，如早期道教對肉身的執
著，或者爲了長生成仙而施行的種種祈禳、法術、修煉，乃道教無可厚非的
組成部分。不過這些身生羽翼、肉身飛昇等信念確實因爲過於依托傳述而難
以爲證、令人半信半疑。葛洪著作中言之鑿鑿而無法重複驗證的說法想必不
免受人詬病，所以《神仙傳·魏伯陽》一則提到魏伯陽煉丹服之而死，諸弟

〔註10〕蔡林波：《神藥之殤——道教丹術轉型的文化闡釋·第二章》，P.129。
〔註11〕《中國道教科學技術史·南北朝隋唐五代卷》，P.44。

子中唯有一弟子深信其師，亦服丹而死，結果實爲魏伯陽考驗弟子信心，故服丹者乃得仙——此種故事正可看出葛洪要求仙者深信不疑，因爲仙道乃大易人事、不可以常情揣度，用來反擊時人對於金丹成仙說的批判。由於對於修煉成仙的單純信念之消解，道教不得不建構更爲精微的理論來應對人們種種懷疑與深刻意義的需求，因此唐宋時期的道教也開始注重內在世界的虛玄解脫，借用了佛教思維、名相與佛經模式來闡述道教思想，如本文第五章論存思與佛教觀想時引述的《太上老君說常清靜妙經》；或者約出於六朝末的《太上靈寶智慧觀身經》：

> 靜觀眞人於思微中，觀身實相，深達智慧，了見四大、六種根識，及五聚陰、五印世法，皆悉空寂，入無相門。所謂外想、內想、若生想、若滅想，了了照盡，無淨穢法，無生滅法。如是盡處，亦無所盡，究皆是空，空竟升玄。何以故？內想者，名境觀空，是空亦空，空空亦空，空無分別空故。是無分別空，亦復皆空，空無二致，故言其盡。若善男女，照法空性，無起滅心、無憍慢心、無恐怖心、無憎愛心，能於世間免種種苦，所謂生死別苦、鬼神害苦、官私口舌苦、水火刀兵饑寒苦，皆悉免離。…〔註12〕

顯見道教學者以此類似佛教空觀的哲理深化道教內涵，也借鑑於佛法來抵禦佛教之批判。撰於南北朝的《太上一乘海空智藏經·供獻品》中，天尊告誡地仙勿以下心而生足想：「諸地仙等，汝今四眾身雖得服大慈悲衣，黃褐玄巾，心猶未染一乘法藏。四眾地仙雖行柔弱，經履名山，心未曾求大乘法藏，雖得出家，未爲正法，雖服五英，諸結未除。我今大慈，爲海空藏演說一乘眞實，教勅汝等四眾。」所謂一乘眞實即〈哀歎品〉云「眾生道性不一不二，究竟平等，猶如虛空，一切眾生同共有之」，因而此身本來不離於道，無常而不可執：

> 汝等當知，自觀是身如大火，身如大風，身如谷中響，如水中影，無暫安時，如絲經盡，無可尋續。…我常無我，云何有我。何以故？
> 一切諸法，苦空無我，亦無無我，以無我故，故名我還。〔註13〕

如此義理意味著六朝仙道那種心物同歸一氣、形體可以長生、白日飛昇等說

〔註12〕《太上靈寶智慧觀身經》，《正統道藏·洞玄部·本文類》冊 10，P.512-1。
〔註13〕以上，《太上一乘海空智藏經》卷8、卷2、卷8，分見《正統道藏·洞眞部·本文類》冊 2，P.193-1；P.102-2 至 103-1；P.195-1。

法都成了一偏之見的我執與法執，非究竟說。以上這樣的道體論或道性論極可能導致仙道對於修行轉向心性化。

　　根據上述討論，仙道修煉關注的角度從原本內、外兼有，逐漸變成特別關注身體內在。這種投向自身內在的轉向，其實不只是道教，在儒家道學、心學的發展上也可以看到。此實爲中國中古時期思想文化「內在化」轉型的背景產物。蔡林波說：

> 廣泛的歷史材料及研究表明：「內在化」，乃是可以概括當時中國文化整體走向的關鍵詞。簡單而言，「內在化」是指專注於認識、規束自我或內部世界的行爲指向性。〔註14〕

關於思想文化的「內在化」是龐雜的意識型態轉向，我們在文史資料中確可觀察到此一現象，而詳細論證非本文所能負擔。究其根源，中國固有傳統思想中即隱含此一轉向的可能性，而道教尤其可說是這種內在化傾向的文化代表。

　　就道教角度來說，仙道的所謂存思、服氣、丹道等，不異於諸子的修養工夫，莫不以天人合一爲目的。用仙道的話來說，便是復歸於道，才合於天地造化。《陰符經》以天道判定人道：「天有五賊，見之者昌。五賊在乎心，施行乎天。宇宙在乎手，萬化生乎身。天性，人也；人心，機也。立天之道，以定人也。」〔註15〕而人又複雜精微到有思惟智慧，可以理解自身性命與大道相通，《鍾呂傳道集・論大道》即云：「萬物之中最靈、最貴者，人也。惟人也，窮萬物之理，盡一己之性，窮理盡性以至於命，全命保生以合於道，當與天地齊其堅固，而同得長久。」〔註16〕要知曉天道才得以知曉如何天人合一，因此道教極爲重視心意識的認知和運作，以及天人關係的認識論。仙道修煉立基於對宇宙和人類自身系統的觀察和把握而建立，沒有這個認識體系的支撐，仙道理論就失去發展和解釋的依據。

　　爲了能夠復歸於道，在認識上必須建立可供復歸的途徑，亦即天地自然之形象、變化與人體生理機構的形態、性情乃相似、相應、相通的關係：

> 道家、道教將這一思想進一步演繹成兩種層次的思想：其一在各種

〔註14〕 蔡林波：《神藥之殤——道教丹術轉型的文化闡釋・導論》，P.5-6。關於內在化的論證與影響，可參該書。
〔註15〕 《黃帝陰符經注》，《正統道藏・洞眞部・玉訣類》冊3，P.817-2至818-1。
〔註16〕 《修眞十書・鍾呂傳道集》卷14，《正統道藏・洞眞部・方法類》冊7，P.463-1。

不同的事物之間存在著互相的全息映現。其二作爲宇宙構成部分的
各種具體物質形式與宇宙的終極實體即道體是全息的。此即意味著
各種層次的事物存在著基本範式的類似。道家正是在這一義理背景
下奠定道的遍在性，認爲各種事物都是道的不同顯現形式。〔註17〕
唐時的道性或道體論強調道無所不在、自我圓通，不求而自得、不尋而自在，
連單一之事物都可以是道之完整縮影，所以道當然與人同在。這就是本文一
再重申的仙道認識觀點——以宇宙爲大天地，人體則爲一小天地，人與天地
相類相通。天人相應的理解在《太平經鈔・乙部》已是如此：「相去遠，應之
近，天人一體，可不愼哉？」〔註18〕至唐代《祕傳正陽眞人靈寶畢法・小乘
安樂延年法四門・匹配陰陽》亦然，可見內丹學與六朝仙道一脈相承：

　　人同天地。以心比天，以腎比地，肝爲陽位，肺爲陰位，心腎相去
　　八寸四分，其天地覆載之間比也。氣比陽而液比陰。子午之時，比
　　夏至冬至之節；卯酉之時，比春分秋分之節。以一日比一年。以一
　　日用八卦，時比八節。子時腎中氣生：卯時氣到肝，肝爲陽，其氣
　　旺，陽升以入陽位，其春分之比也；午時氣到心，積氣生液，夏至
　　陽升到天而陰生之比也；午時心中液生；酉時液到肺，肺爲陰，其
　　液盛，陰降以入陰位，其秋分之比也；子時液到腎，積液生氣，冬
　　至陰降到地而陽生之比也。周而復始，日月循環，無損無虧，自可
　　延年。〔註19〕

如此說來，人身實是天地的模型，人的精氣運行符合宇宙秩序法則，人自己
就是道的體現。那麼人當然就不必再爲得道的問題而外求，只需認識自我本
性即是一切修行之所在，而唐時內丹學對道之眞相的探索轉爲對自身的研
究，也就水到渠成。爰是，唐宋時期仙道轉爲內丹學的進路因由，或許可以
釐清一二。

　　這種內在化的轉型是文化中精神層面的高度發展，對於人的意識與無意
識面相之探索、人格的成長與圓融等都極有意義。但是從整體社會的發展來
看，過於重視內在而忽略外向的研究，亦難免偏失而導致自然科學停滯在表

〔註17〕張廣保：《唐宋內丹道教・引言》，P.4。
〔註18〕《太平經合校・乙部・守一明法》，P.15。
〔註19〕《祕傳正陽眞人靈寶畢法・小乘安樂延年法四門》卷上，《正統道藏・太清部》
　　　　冊47，P.915-1至915-2。

面的實用上：

> 內向型文化系統存在的根本缺陷——對外向認識方式及攫能技術手
> 段的價值否定。這一「否定」，在根本觀念或精神原則上超越、消除
> 了人與外部世界的對立。然而，它在實踐上卻割裂了人自身與其周
> 圍世界的客觀性聯繫：與人類相對置的外部世界及其結構，被簡單、
> 機械地轉換或化約成了人自身內部的結構性要素關係，進而，作爲認
> 識與實踐對象的外部世界，則被人類自身的內在世界所置換。〔註20〕

當然，在仙道乃至道學的思維中，這樣的內化認識論是沒有問題的。因爲有
氣通萬物、天人相應的邏輯，所認識的「道」並不會狹隘侷限，一旦窮理盡
性，「道」仍可放諸四海皆準。而且通過內在的修煉復歸於道、天人合一，精
神上就能臻於與萬物冥合感通的聖人或眞人境界，所謂「天地與我並生，而
萬物與我爲一」〔註21〕、「萬物皆備於我矣，反身而誠，樂莫大焉」、「唯天下
至誠，爲能盡其性。能盡其性，則能盡人之性；能盡人之性，則能盡物之性；
能盡物之性，則可以贊天地之化育；可以贊天地之化育，則可以與天地參矣。」
〔註22〕此種投向內在的認識論與其理想的天人感通境界，實爲古今中外主張
神祕主義或冥契主義的信仰所共通者，只是東方文化思維的內省傳統更爲普
遍。

第二節　六朝仙道理論的反省與回歸

　　六朝仙道如此盛行，道徒對於修仙率皆抱持無比的信心，不過，在眾多
支持之說中也偶爾出現對仙道修煉方式的省思與批判。比如在《神仙傳・彭
祖傳》可以看到彭祖對仙人形象的檢討，認爲當時相信的仙人過於悖離人情：
「仙人者，或竦身入雲，無翅而飛。或駕龍乘雲，上造天階。或化爲鳥獸，
浮遊青雲。或潛行江海，翱翔名山。或食元氣，或茹芝草，或出入人間，則
不可識，或隱其身草野之間。面生異骨，體有奇毛，戀好深僻，不交流俗。
然有此等雖有不亡之壽，皆去人情，離榮樂，有若雀之化蛤，雉之爲蜃，失

〔註20〕蔡林波：《神藥之殤——道教丹術轉型的文化闡釋・導論》，p.25。
〔註21〕《莊子集解・齊物論》卷1，P.19。
〔註22〕以上，《重刊宋本十三經注疏・孟子注疏・盡心上》卷13，P.229-2；《重刊宋
　　　本十三經注疏・禮記注疏・中庸》卷53，P.895-1。

其本眞，更守異器。今之愚心，未之願也。」〔註 23〕仙人之特異本爲對比凡人而有，用以顯示仙人超越凡人之處，可是若修仙要如此遠離人情方可獲致長生久視，此傳中的彭祖便不願意爲之，因爲這就是只求變化、失去了本來的眞性，從一種生命型態跳入令一種生命型態，仍舊不是眞的自由。本來的眞性不論在哪種生命型態中都有，重點在於守住本眞，不在表面上型態的改變。

　　這番對於仙人想像的檢討，同樣適用於六朝仙道理論。蓋仙道本來目的爲修煉成仙，但是汲汲營營於修煉，與汲汲營營於生活，有何不同？如果沒有弄清楚自己要追求的生命境界，而一頭栽入修煉，有可能誤入歧途，越差越遠。

　　早在《周易參同契・明辨邪正章》已歷舉各種錯誤的養生修煉方法：

> 是非歷藏法，內視有所思：履行步斗宿，六甲以日辰：陰道厭九一，
> 濁亂弄玄胞；食氣鳴腸胃，吐正吸新邪。晝夜不臥寐，腸鳴未嘗休。
> 身體以疲倦，恍惚狀若癡。百脈鼎沸馳，不得清澄居。周回立壇宇，
> 朝暮敬祭祠。鬼物見形象，夢寐感慨之。心懽意喜悅，自謂必延期，
> 遽以夭命死，腐露其形骸。舉措輒有違，悖逆失樞機，諸術甚眾多，
> 千條有萬餘。前卻違黃老，曲折戾九都，明者省厥旨，曠然知所由。
>
> 〔註 24〕

其中包括步罡踏斗，服用六甲之符；行房中術，不講究九淺一深；吐納服氣，反而吐正納邪；累土立壇，早晚祭祀等等，《參同契》認爲，這些修煉法可以說是本末倒置，不知爲何而修、不知正確入手，弄得身體日漸衰弱，氣血擾動不安，精神恍惚產生幻覺，不得養生反而夭折。其說與第五章第三節所引《神仙傳・欒巴》的意見類似。如是違背黃帝和老子的修道之法，當然離成仙之途越來越遠。約成於南北朝末的《太上三十六部尊經・太清境內祕經》則以爲養氣諸方皆非眞養：

> 至士以不語爲養氣，此保氣也，則失之昏：以入清出濁爲養氣，此
> 換氣也，則失之虛。昏則氣散神狂，眞靈自厭，終無所歸。虛者丹
> 田無寶，徒勞吐納，終不能住。此皆非養氣，所以招致病，認爲胎
> 息，自傷性命。如此之流，誤者甚多。上咽下搐，聚氣修神，指作

〔註 23〕　《神仙傳校釋・彭祖》卷 1，P.16。
〔註 24〕　《周易參同契註》，《正統道藏・太玄部》冊 34，P.244-1 至 244-2。

還丹，自傷性命。如此之流，誤者甚多。綿綿若存，委氣而和神，
出息入息，要住納之不出，閉氣而鍊形，一咽復一咽，雙收兩夾，
以虛咽爲法，是借氣取水灌漑之術也，認爲已固身田，反以自虛。
如此之流，誤者甚多。正坐昇身，氣滿四大，血絡通行，營護和暢，
是布氣焚身之法。若此皆非養氣，而認爲凝神坐忘，反喪身害命。
如此之流，誤者甚多。凡此等事者，皆術也，術立則道消。〔註25〕

不管是不語保氣還是吐納換氣，閉氣鍊形還是虛咽取水，乃至想像氣血運行，
布滿身體而焚燒病邪，凡此種種都是謬誤。因爲這些都只是「術」而非「道」，
術之操作與道無關。《周易參同契・明辨邪正章》和《太上三十六部尊經・太
清境內祕經》一前一後，都批判了六朝仙道重視操作的修煉法。同理，他們
主張修煉要符合黃老之道，或修煉宜凝神坐忘，都是反操作、反刻意，欲歸
向先秦道家之工夫。

此說有證乎？請看《周易參同契・自敘啓後章》，乃該書之總結，其言云：
「引內養性，黃老自然，含德之厚，歸根返元。近在我心，不離己身，抱一
毋舍，可以長存。」可知大道不遠，只在專心於身，守一勿捨。如何用心守
一？就是順其自然地養性，如此可使性德充分實現（或精氣盈滿）。《參同契》
雖是鍊丹術的經典，其實不少地方談及內在修煉，表示鍊丹也需要配合內修，
而且內修之養性反而是鍊丹前身體須進行之基礎課題。〈二氣感化章〉談到入
手就是固塞耳目口，少看、少聽、少言，此與傳統的寡欲恬淡以養生之說符合：

耳目口三寶，固塞勿發揚，眞人潛深淵，浮游守規中。旋曲以視覽，
開闔皆合同，爲己之軸轄，動靜不竭窮。離氣內營衛，坎乃不用聰，
兌合不以談，希言順鴻濛。〔註26〕

爲何少看、少聽、少言可以讓「眞人潛深淵」、「離氣納榮衛」？或者問深一
層：爲何這裡主張反操作、反刻意的內修法？此中的道理即與生命活動向外
投射，耗損生命能量有關。大約出於南北朝末的《太上洞玄靈寶法燭經》提
到：

何謂五主？一曰精，主見五色；二曰神，主聞五音；三曰魂，主別
善惡；四曰魄，主察清濁；五曰氣，主識痛癢。故形體者，是神魂

〔註25〕《太上三十六部尊經・太清境內祕經》，《正統道藏・洞眞部・本文類》冊2，
　　　　P.70-2 至 71-1。
〔註26〕以上，《周易參同契註》，《正統道藏・太玄部》冊34，P.256-1、250-2。

之屋宅。五臟者，精魂之房室。九竅者，是神氣之門牖。欲人生目視耳聽、鼻息口言、形知痛癢者，皆是精神魂魄氣所為也。若其一不存，則愚癡；二不存，則昏惑；三不存，則衰耗；四不存，則百疾生；五不存，則死亡。夫亡者，目不能有所見，耳不能有所聞，鼻不能復息，口不能復言，形不知痛癢，此豈復無耳目鼻口形耶，特是精神魂魄之亡耳。〔註27〕

身體是神魂的屋宅，五臟是精魂的房室，這樣的身體觀是先秦至漢魏的共通見解，與醫家之說幾無差別。身體之所以能夠活動、感知，完全是體內有精神魂魄氣在操控主持。精神魂魄氣的名稱雖多，卻都是氣在生命狀態中不同層次的運作。該經重新定義分配，使之對應見色、聞聲、別道德、察清濁、知感受五者。見色、聞聲、別道德、察清濁、知感受原本是生命要存活於世間、應付外來狀況而必備的功能，可是一旦反客為主、本末倒置，會將過多的精神魂魄氣都投入其上，造成不必要的耗散。《太上三十六部尊經·太清境集靈經》便叮嚀：

多思者其神必殆，多念者其志必散，多慾者其氣必損，多事者其形必役，多語者其氣必弱，多笑者其臟必傷，多愁者其血必散，多樂者其氣必溢，多喜則百神交錯，多怒則百脈不定，多好則昏迷不理，多惡則憔悴無歡，則於其原不潔，所學不精，其氣自散。……是故修真之士志在玄元而甘寂寞，雖運動常見其靜定，雖靜定常見其運動。〔註28〕

多發動且表露情志的影響在於耗損身體之氣。反之，即見養生的邏輯：固塞感官即固守精氣，恬淡與寡欲使人不因感官受外物影響而動搖精氣，然後身體能復原成身體應有的狀態。《西昇經·道德章》以為這就是生命本有的趨向，只要不刻意去干擾，復歸是當然的：「道德天地，水火萬物高山深淵，各有所

〔註27〕《太上洞玄靈寶法燭經》，《正統道藏·洞玄部·本文類》冊 10，P.509-2。
〔註28〕《太上三十六部尊經·太清境集靈經》，《正統道藏·洞真部·本文類》冊 2，P.74-1。類似的養生教誡亦可見陶弘景《養性延命錄·教誡篇第一》：「《小有經》曰：少思、少念、少欲、少事、少語、少笑、少愁、少樂、少喜、少怒、少好、少惡，行此十二少，養生之都契也。多思則神殆，多念則志散，多欲則損志（應作智），多事則形疲，多語則氣爭，多笑則傷藏，多愁則心懾，多樂則意溢，多喜則忘錯惛亂，多怒則百脈不定，多好則專迷不治，多惡則憔煎無歡，此十二多不除，喪生之本也。」（《養性延命錄》卷上，《正統道藏·洞神部·方法類》冊 31，P.81-2）

歸。夫道非欲為虛，虛自歸之。德非欲於神，神自歸之。天非欲於清，清自歸之。地非欲於濁，濁自歸之。濕非欲於水，水自歸之。燥非欲於火，火自歸之。萬物非欲見其形，形自見之。高山大澤，非欲於飛鳥虎狼，飛鳥虎狼自來歸之。深淵河海，非欲於魚鱉蛟龍，魚鱉蛟龍自來歸之。人能虛空無為，非欲於道，道自歸之。由此觀之，物性豈非自然哉！」〔註29〕

　　該養生邏輯其實也是我們所習見者，乃戰國以下諸家工夫論即已同享之觀念，醫、道、儒家莫不如此。已知《素問・上古天真論》述上古之人修養內在，「恬淡虛無，真氣從之，精神內守，病安從來」，因此無有疾患，能終其天年。《莊子・在宥》中廣成子述其長生之理：「無視無聽，抱神以靜，形將自正。必靜必清，無勞女形，無搖女精，乃可以長生。目無所見，耳無所聞，心無所知，女神將守形，形乃長生。」〔註30〕也是封閉對外的感官，神氣清靜，形體就會正常。《管子・心術上》：「毋先物動，以觀其則。動則失位，靜乃自得。…虛其欲，神將入舍。掃除不潔，神乃留處。」〔註31〕寧可靜而勿動，心能虛靜，精神可留。《淮南子・俶真訓》：「人之事其神而嬈其精，營慧然而有求於外，此皆失其神明而離其宅也。」〔註32〕為了外在事務而運用思慮，乃是擾亂精神，如此身則不安而神明離體；換個說法，即是精神投射於外而有所損耗。《春秋繁露・循天之道》也提到：「養生之大者，乃在愛氣。氣從神而成，神從意而出。心之所之謂意，意勞者神擾，神擾者氣少，氣少者難久矣。故君子閑欲止惡以平意，平意以靜神，靜神以養氣。氣多而治，則養身之大者得矣。」〔註33〕這是以意動氣的邏輯，只是中間介入了「神」，其實神、氣相通也。董仲舒將平意養神、靜心養氣的觀念合併在一條脈絡上。桓譚《新論・袪蔽》記載：「文帝時，得魏文侯時樂人竇公，年百八十歲，兩目皆盲。文帝奇之，問曰：『何所服食而能至此耶？』對曰：『臣年十三失明，父母哀其不及眾技，教臣為樂，使鼓琴，日講習以為常事，臣不導引，無所服餌也，不知壽得若何？』」〔註34〕桓譚以為竇公長壽的原因在於眼睛少盲，故唯一所能見的乃心之專一內視，於外物無憂慮而恆逸樂，所以精神不外鑒

〔註29〕　《西昇經》卷下，《正統道藏・洞神部・本文類》冊19，P.268-1 至 268-2。
〔註30〕　《莊子集解・在宥》卷3，P.94。
〔註31〕　《管子・心術上》冊2，卷13，P.62。
〔註32〕　《淮南鴻烈集解・俶真訓》卷2，P.61。
〔註33〕　《春秋繁露新注・循天之道》，P.340。
〔註34〕　《全上古三代秦漢三國六朝文・全後漢文》卷14，P.544-2。

而保全，這樣的生活方式自然有益於性命，不須服餌也能長壽。凡此皆諸子思想中恬淡處靜以守精氣的論述。

是以，六朝仙道之修行思路若是從固守精氣入手，多半都會契合秦漢了家虛靜以修心的工夫論。六朝早期道經如《老子想爾注》已是如此，注「肫若濁，濁以靜之徐清」則云：

> 求生之人，與不謝，奪不恨，不隨俗轉移。眞思志道，學知清靜，意當時如癡濁也。以能癡濁，樸且欲就矣，然後清靜能觀眾微。內自清明，不欲於俗。清靜大要，道微所樂，天地湛然，則雲起露吐，万物滋潤；迅雷風趣，則漢燥物疼，道氣隱藏，常不周處。人法天地，故不得燥處。常清靜爲務，晨暮露上下，人身氣亦布至。〔註35〕

修道當法天地，意如癡濁，無欲俗事，如同天地清靜湛然，才能雲起露吐滋潤萬物；反而在風雷躁動之時，道氣隱藏、不能生物，人之躁動亦如是。這令我們想起《老子想爾注》批判道教中以存思之法來守一的修行方式乃是僞伎，正是因爲存思修煉令意識不得安寧。至南北朝末的晚期道經也是如此主張，如第四章第三節談到識神，所引《太上老君內觀經》認爲需要棄絕自我意識之主導，僅以虛靜的神明之心應對萬物。其經文又云：

> 人能常清靜其心，則道自來居；道自來居，則神明存身；神明存身，則生不忘也。〔註36〕

根本就是《管子・心術上》、《莊子・人間世》關於虛心集氣的不同說法而已，除了描述說明不同，其中蘊含的旨意與先秦諸子所言大同小異。

恬淡寡欲或是清靜虛無，自是生命活動的收斂，然而情志興動發露或是收斂內守，其中的取決實在乎心，也就是意念。恬淡虛靜到極致，便是走向無念、無心，《周易參同契・二氣感化章》即言：「三者既關鍵，緩體處空房，委志歸虛無，無念以爲常。」〔註37〕《太上三十六部尊經・太清境徹視經》說得更爲徹底：「學道，從初至終，念念持齋，心心不退，忘心滅心，終始運意，行坐動形，寂若死灰，同於枯木，滅一切想，滅一切念，滅一切心，則隨念隨忘，神行不繼。歸心於寂，眞至道場。」〔註38〕不只是拋捨外在的對

〔註35〕 《老子想爾注校箋》，P.20。
〔註36〕 《太上老君內觀經》，《正統道藏・洞神部・本文類》冊19，P.87-1。
〔註37〕 《周易參同契註》，《正統道藏・太玄部》冊34，P.250-2。
〔註38〕 《太上三十六部尊經・太清境徹視經》，《正統道藏・洞眞部・本文類》冊2，
　　　　 P.67-1。

象，連心中慮思憶想也一併拋卻，由於毫無意念投射的對象，生命的活動也就有如槁木死灰。這似乎恰恰發揮了《莊子‧齊物論》中南郭子綦的境界。再如《太上老君內觀經》云：「內觀之道，靜神定心，亂想不起，邪妄不侵，固身及物，閉目思尋，表裡虛寂，神道微深，外藏萬境，內察一心，了然明靜，靜亂俱息，念念相繫，深根寧極，湛然常住，杳冥難測，憂患永消，是非莫識。」〔註39〕從恬淡處靜進於靜定，可謂完全入於清靜，如此復歸於靜的生命狀態，經中認為就是歸根。

另外，《太清境徹視經》中言隨念隨忘之訣竅，《內觀經》中談到僅留存相繫不斷的覺察，此等工夫，更與佛教之靜坐頗為類似。毋須硬要分別二者誰影響誰，既然佛、道修行同樣要求境界達到無念、無心，雙方的身心活動現象又相似不異，則雙方靜定之體驗必然可以互相印證。

當醫家說心藏神，或者《管子》說心為精舍時，或許真的是以心為收藏精氣之所在，心能虛才可容受精氣，這是相當生動的意象，對於把握虛靜極有幫助。但另一種解釋，則是把「身體稟賦於道」、「天道性命相貫通」的傳統思維拿來應用，而說修心即修道，如《太上老君內觀經》：「道者，有而無形，無而有情，變化不測，通神群生。在人之身，則為神明，所謂心也。所以教人修道，則修心也。教人修心，則修道也。…人不能長保者，以其不能內觀於心故也。內觀不遺，生道長存。」「道以心得，心以道明。心明則道降，道降則心通。」〔註40〕這就是說心與道相貫通，意識的根源就是精氣，精氣又來自於道氣，當意識臻於神明便能連通於道；反過來說也成，若能連通於道，則意識可臻於神明。與《禮記‧中庸》「自明誠，自誠明」的理路是一致的，都是冥契主義體證天人關係會有的思維。故能否固守精氣或者說能否達於神明，端看心能否虛靜。但道法自然，心乃出於先天、貫於天道的，是以心之虛靜並非刻意而為，如若刻意，虛靜亦淪為操作。意識運作要擺脫形而下的影響，安然靜復本來無事的狀態，方為真正的無為自然。所以修心虛靜不是拚命把心空掉，而是改變意識的認知，如此修行才會是自然而然。也就是說，身體上的操作若沒有配合適當的認知，就像是隔靴搔癢，效果有限。意識如何認知，實乃修行的關鍵。

認知影響修行，最好的例子就是忘身。道家向稱身為大患，是道家「正

〔註39〕《太上老君內觀經》，《正統道藏‧洞神部‧本文類》冊19，P.87-2至88-1。
〔註40〕以上，《太上老君內觀經》，《正統道藏‧洞神部‧本文類》冊19，P.86-2、87-1。

言若反」的代表性觀點，如《老子·13章》就認爲：「何謂貴大患若身？吾所以有大患者，爲我有身，及我無身，吾有何患！」〔註41〕六朝早期道經《西昇經》也勸人不貪身形，〈生置章〉：「人未生時，豈有身乎？無身當何憂乎，當何欲哉！」無身即無憂患，無煩惱，無痛苦。一旦反省到身體存有帶來的問題，再進一步發揮，就會認爲有此一身，不如無有，所以〈聖人之辭章〉：「以是生死有，不如無爲安。」有生就有死，生即意味著死，要解脫生死，一勞永逸地辦法是最好不生，不生就不會死。〈戒示章〉「絕身滅有，綿綿長存」、〈經誡章〉「空虛滅無，何用仙飛」〔註42〕，把仙道從先秦以來企盼的肉體飛升成仙的傳統理念否決。從生命觀上，特別是對待「形」的態度，馬上凸顯出六朝仙道主流與老莊道家間的差異。六朝仙道重視駐形，以形骸爲眞；而老莊強調無身、忘身，以形骸爲逆旅。六朝仙道中的「舉形輕飛，白日升天」的「形」是相信人的血肉之軀可以達成轉化；但老莊認爲「大道無形」，是以《莊子·大宗師》所謂「修行無有，而外其形骸」〔註43〕，正說明了道家修行，不特重身體存有，也不標舉養生技術的操作。

　　此處所談的「身」，狹義可指有形的肉身，廣義還可包括身、心層面所構成的完整個體。身爲大患者，起於在意自己身之存有反而讓人捨本逐末，或者爲了一身之感官欲樂而營求、追逐，又或者恐懼一身之痛苦、死亡而憂慮、緊張。既然前文已明諸般情志，以及隨情志而起的行止皆足以傷神、耗氣、損精，是以越在意自己一身，反而離養性修命越遠，也活得越不自然、不合於道。凡人意識爲身體所設想者，大半都違背自然，多肇因於人之意識未臻於神明，不能知常、知和，所以意識之有爲恰能戕性。《西昇經》主張忘身遺形、破除肉身成仙，是一個極爲特殊的例子，看似違反仙道以生爲道、修煉成仙之宗旨，不過《西昇經》並沒有教人放棄修行，反而是發揮了老莊的思想，將之實際運用在修行上，〈生置章〉：「外其身，存其神者，精耀留也，道德一合，與道通也。」〔註44〕爲了長生合道，乾脆主張無身，即在人的觀念中先求沒有「身」這個東西。在認知中忘身的修道路數，恰合《莊子·在宥》之「無視無聽」、「無搖女精」、「心無所知」，有可能讓人之生命活得自然、精

〔註41〕　《老子校釋》，見《老子釋譯》，P.49。

〔註42〕　以上，《西昇經》，《正統道藏·洞神部·本文類》冊19，P.256-1、249-2、270-1、252-2。

〔註43〕　《莊子集解·大宗師》卷2，P.65。

〔註44〕　《西昇經》卷中，《正統道藏·洞神部·本文類》冊19，P.256-1。

神得以健全，反而可以達到長生。如此，意識忘棄己身之存有，這是道家乃至後來的內丹學保存形神以全性命的重要原則。

當然，「忘身」以修的觀念在六朝時還與主流的仙道修煉格格不入，因爲仙道信仰中，形體不壞乃是神仙最主要的特徵。儘管六朝仙道一直主張形神合同、修出身外之身，可是形、神二者統一的內在邏輯或實踐機制是怎麼樣，仙道常常語焉不詳。從隋唐興起「內丹」的觀念，以及道教反省修煉方式的刻意有爲之後，仙道學者開始對神仙的性質重新思考，如司馬承禎《坐忘論・得道》云：

> 至於道有深力，徐易形神，形隨道通，與神合一，謂之神人。神性虛融，體無變滅，形與道同，故無生死，隱則形同於神，顯則神同於氣，所以蹈水火而無害，對日月而無影，存亡在己，出入無間。

提出形隨道通、與神合一，這是說神仙的形體不滅並非毫無變動的堅固型態，相反的，因爲與神、道虛融，所以可隱可顯。其變化自在正是可以不受傷害的原因，也解釋了神仙現形的一些特異徵象。依此理路一直推演，與道相合既久，則形體就會完全同化：「人懷道，形骸以之永固，資薰日久，變質同神，鍊形入微，與道冥一。散一身爲萬法，混萬法爲一身。」〔註45〕根本上形體已經完全不具形體的意義，或許指的是修出的身外之身；而所謂神仙，其實就是道的同義詞了。這樣的神妙形體，是意圖會通有無兩邊的嘗試。

稍晚一些的吳筠便直接把形骸不死的矛盾給放下，見《宗玄先生玄綱論・長生可貴章》：「夫人所以死者，形也；其不亡者，性也。聖人所以不尚形骸者，乃神之宅，性之具也。其所貴者，神、性爾。若以死爲懼，形骸爲眞，是修身之道，非修眞之妙矣。」將心性理論切入仙道內丹學中，性才是合於道而可修成神者，走向修性重於修命的境地。其中的邏輯就是認爲「性」乃是生命的核心，掌握性就可以逐步掌握生命之全體，所以修道其實是復全自性：

> 道能自無而生於有，豈不能使有同於無乎？有同於無，則有不滅矣。故生我者道，滅我者情，苟忘其情，則全乎性。性全則形全，形全則氣全，氣全則神全，神全則道全。道全則神王，神王則氣靈，氣靈則形超，形超則性徹，性徹則返覆流通，與道爲一。可使有爲無，可使虛爲實，吾將與造物者爲儔，奚死生之能累乎？〔註46〕

〔註45〕以上，（唐）司馬承禎撰：《坐忘論》，《正統道藏・太玄部》，P.623-2、624-1。

〔註46〕以上，（唐）吳筠撰：《宗玄先生玄綱論》，《正統道藏・太玄部》冊39，P.817-2、

形體只是附帶的，隨性之修煉而合於道，形體亦歸於無。歸於無並不可怕，因為無才是道，無則無可變異，無則無死生可言，是以無才得以不滅。因此儘管放下人情，放下對於身體之執著，以及身體終將壞滅的恐懼，專一於全性，全性則形、氣、神等生命結構自然會轉化，不待我們刻意操作。如此的修道方式和先秦道家乃至六朝《西昇經》的忘身主張接合在一起。

　　以上略述的內在修煉模式，在我們今天看來並不為奇，那是由於修行的觀念在唐宋內丹學修性一路中已經完成了朝先秦道家回歸的轉向，而且與道學、佛教相通，因此近古文化中習見此種虛靜無為的內在修煉論。如此詮釋的轉向，可舉唐代司馬承禎在《天隱子》中的說法為例：「何謂存想？曰收心復性。」、「坐忘者，因存想而得也，因存想而忘也。行道而不見其行，非坐之義乎；有見而不行其見，非忘之義乎。何謂不行？曰心不動故。何謂不見？曰形都泯故。」〔註47〕便已將存思的意義轉變為求其放心、復其本性之修養；用坐忘重新詮釋存思，存思即是不存，因坐忘而心無所動，連關於身形的概念都忘掉了。這種無術無執、靜心坐忘的理念，成為後世道教在養生修真方面的圭臬，而引入坐忘的存思亦不再是六朝仙道的存思之法了。

　　概論至此，當作總結。前云六朝時的仙道理論已出現對於修煉成仙的反省性思考，認為刻意操作的修煉法都失之自然，不如回歸道家的修養工夫，亦即恬淡寡欲、虛靜無為。這種修養工夫本是先秦思想的一個重要面相，恬淡虛靜才能清明地認識萬物與萬物之間的關係。其成立根據與精氣論有關：其一、氣自然流入身體，與天地、萬物之間便有互滲，因而天人感通。其二、捨棄刻意作為，恬淡寡欲，心乃趨於虛靜，若心能虛靜，則精氣自來，充盈身體。其三、由精氣之充盈可以轉化人的生命，使人接近原初稟賦於道的圓滿形態。

　　六朝仙道理論乃至後來的內丹學，皆與老莊、黃老等先秦道家思想淵源深厚，但道教所擷取的不只是道家思想而已，其發展的基底更根植於中國傳統心性修養的思想中。任繼愈在《中國道教史》中說：

> 世人論道教內丹之學，多認為它由外丹發展而來，這種說法不為無據，但還不能全面地說明問題。內丹說，實際上是心性之學在道教

810-1 至 810-2。

〔註47〕分見（唐）司馬承禎述：《天隱子》〈漸門〉、〈坐忘〉，《正統道藏‧太玄部》
　　　　冊 36，P.736-2、737-2。

－307－

> 理論上的表現，…「內丹說」在道教，「佛性說」在佛教，「心性說」
> 在儒教，三教的說法有差異，而他們所探討的實際上是同樣的問題。
> 〔註48〕

藉由修心以養氣，養氣以踐形、最終身內身外神氣交通流行的理路，是中國文化一脈相承的人文傳統，以天人合一為理想，前提是天道性命相貫通。仙道這套「心─氣─形」或「神─氣─形」的理路，有儒家窮理盡性、立身成德的一面，也有道家虛靜集氣、復歸於道的一面。

　　虛靜以積精氣、忘身以存身、無為以修行的內在修煉論點在六朝仙道原本較受忽略，蓋當時的仙道理論注重運用意識來操作修煉方法，強調的是「用」而非「不用」。然而，六朝仙道學者已注意到，想要使心趨於無念，觀照萬物應而不傷，刻意操作是絕對無法達成的；修行的關鍵實在於認知，對於身體與宇宙的認知修正了，才能真正轉變心念達到忘身、無為。所以唐代開始興起的內丹學，其修行理論從服氣、存思轉向修心養性，形成性功為重的一脈，其來有自，可說源泉混混，終至匯聚成流。

〔註48〕任繼愈主編：《中國道教史》（北京：上海人民出版社，1991）上卷，P.5。

參考文獻

一、古籍

（一）經部

1. （清）阮元審定；盧宣旬校：《重刊宋本十三經注疏》（台北：藝文印書館，1965），引用者列如下：

   《周易注疏》

   《尚書注疏》

   《禮記注疏》

   《春秋公羊注疏》

   《春秋左傳注疏》

   《孟子注疏》

2. 高明註譯：《大戴禮記今註今譯》（台北：臺灣商務印書館，1984）。

3. 楊伯峻編著：《春秋左傳注》（北京：中華書局，2000）。

4. （東漢）許慎撰：《說文解字》（北京：中華書局，1963）。

5. （東漢）劉熙撰；（清）王謨輯：《釋名》（台北：大化書局，1979）。

6. 羅振玉編：《三代吉金文存》（北京：中華書局，1983）。

（二）史部

1. 上海師範大學古籍整理組校點：《國語》（上海：上海古籍出版社，1978）。

2. （西漢）司馬遷撰；（南朝宋）裴駰集解、（唐）司馬貞索隱、（唐）張守節正義：《新校本史記三家注》（台北：鼎文書局，1981）。

3. （東漢）班固撰；（唐）顏師古注：《新校本漢書集注》（台北：鼎文書局，1986）。

4. （南朝宋）范曄撰：《新校本後漢書》（台北：鼎文書局，1981）。

5. （唐）房玄齡等撰：《新校本晉書》（台北：鼎文書局，1980）。

6. （宋）司馬光編著；（元）胡三省音註：《資治通鑑》（北京：古籍出版社，1956）。

（三）子部

1. （戰國）荀況著；李滌生集釋：《荀子集釋》（台北：臺灣學生書局，1988）。

2. 舊題（西漢）陸賈撰；王利器校注：《新語校注》（北京：中華書局，1996）。

3. （西漢）董仲舒撰；曾振宇、傅永聚注：《春秋繁露新注》（北京：商務印書館，2010）。

4. （西漢）桓寬編撰；王利器校注：《鹽鐵論校注》（北京：中華書局，1996）。

5. （東漢）王充著；黃暉校釋：《論衡校釋》（北京：中華書局，1990）。

6. （東漢）班固撰；（清）陳立疏證：《白虎通疏證》（北京：中華書局，1997）。

7. 陳鼓應注譯：《老子今註今譯及評介》（台北：臺灣商務印書館，1974）。

8. 朱謙之校釋：《老子校釋》，收於《老子釋譯》（台北：里仁書局，1985）。

9. （清）王先謙集解：《莊子集解》（北京：中華書局，1999）。

10. （清）戴望校正：《管子》（上海：商務印書館，1936）。

11. 李勉注譯：《管子今註今譯‧樞言》（台北：臺灣商務印書館，1990）。

12. 楊伯峻集釋：《列子集釋》（北京：中華書局，1979）。

13. 舊題（戰國）尹喜撰：《關尹子》（台北：臺灣商務印書館，1973）。

14. 《文子》，收於《鄧析子、鬼谷子、文子》合訂本（台北：臺灣中華書局，1978）。

15. 王明編：《太平經合校》（北京：中華書局，1985）。

16. 《老子道德經河上公章句》（北京：中華書局，1997）。

17. 饒宗頤校箋：《老子想爾注校箋》（香港：東南出版社，1956）。

18. （北宋）陸佃解：《鶡冠子》（台北：臺灣中華書局，1981）。

19. 陳奇猷校注：《呂氏春秋新校釋》（上海：上海古籍出版社，2002）。

20. 劉文典集解：《淮南鴻烈集解》（北京：中華書局，1989）。

21. 王明校釋：《抱朴子內篇校釋》（台北：里仁書局，1981）。

22. （北齊）顏之推撰；王利器集解：《顏氏家訓集解》（上海：上海古籍出版社，1982）。

23. （隋）蕭吉編撰：《五行大義》，收於殷夢霞、王冠選編：《古籍佚書拾存》

（北京：北京圖書館，2003）。

24. 陳立明、李志華、張傳曾評著：《中國古代養生四書》（濟南：山東友誼出版社，2001），引用者列如下：

    a.《黃帝內經素問》

    b.《周易參同契》

    c.《黃庭內景經》

    d.《黃庭外景經》

    e.《養性延命錄》

25. 楊維傑編：《黃帝內經素問譯解》（台北：台聯國風出版社，1984）。

26. 楊維傑編：《黃帝內經靈樞譯解》（台北：台聯國風出版社，1984）。

27. 《神農本草經》（北京：學苑出版社，1995）。

28. （東漢）張仲景撰：《傷寒雜病論》（中醫整合研究小組發行，1986）。

29. 林輝鎮編撰：《難經本義新解》（台北：益群，1986）。

30. （西晉）王叔和撰：《脈經》（香港：商務印書館，1961）。

31. （西晉）皇甫謐撰：《黃帝針灸甲乙經》（北京：學苑出版社，1995）。

32. （南朝梁）陶弘景撰；尚志鈞輯校：《名醫別錄》（北京：人民衛生出版社，1986）。

33. （隋）巢元方等編撰；丁光迪主編：《諸病源候論校注》（北京：人民衛生出版社，1996）。

34. （唐）孫思邈撰：《備急千金要方》（台北：中國醫藥研究所，1990）。

35. 馬繼興校釋：《馬王堆古醫書考釋》（長沙：湖南科學技術出版社，1992），引用者列如下

    a.《胎產書》

    b.《卻穀食氣》

    c.《十問》

36. （明）李梴撰：《醫學入門》，收入（清）陳夢雷等編：《古今圖書集成醫部全錄》（北京：人民衛生出版社，1988～1991）。

37. （元）俞琰撰：《席上腐談》，收入《續百子全書》（北京：北京圖書出版社，1998）冊18。

38. 袁珂校注：《山海經校注》（上海：上海古籍出版社，1983）。

39. 舊題（西漢）劉向撰；王叔岷校箋：《列仙傳校箋》（北京：中華書局，2007）。

40. （東晉）葛洪撰；胡守爲校釋：《神仙傳校釋》（北京：中華書局，2010）。

41. （南朝宋）劉義慶編撰；（南朝梁）劉孝標注；余嘉錫箋疏：《世說新語

箋疏》（上海：上海古籍出版社，1996）。

42. （南朝宋）劉敬叔撰：《異苑》，收於《筆記小說大觀》10 編（台北：新興書局，1975）冊 1。

43. 魯迅輯：《古小說鉤沉》（香港：新藝出版社，1967），引用者列如下：
   a. （南朝齊）殷芸撰：《小說》
   b. （南朝齊）祖沖之撰：《述異記》

44. （明）張宇初、邵以正、張國祥編纂：《正統道藏》（台北：新文豐，1985），引用者列如下：
   《靈寶無量度人上品妙經》（洞真部・本文類・天字號）
   《上清大洞真經》（洞真部・本文類・荒字號）
   《太上三十六部尊經》（洞真部・本文類・日字號）
   《太上一乘海空智藏經》（洞真部・本文類・月字號）
   《高上玉皇心印經》（洞真部・本文類・盈字號）
   《高上玉皇胎息經》（洞真部・本文類・盈字號）
   《太上玉珮金璫太極金書上經》（洞真部・本文類・宿字號）
   嚴東、薛幽棲、李少微、成玄英注：《元始無量度人上品妙經四註》（洞真部・玉訣類・寒字號）
   （唐）張果注：《黃帝陰符經註》（洞真部・玉訣類・閏字號）
   （元末）王玠注：《崔公入藥鏡註解》（洞真部・玉訣類・成字號）
   （南朝梁）陶弘景編撰：《上清握中訣》（洞真部・玉訣類・成字號）
   （北宋）張伯端著：翁葆光注、戴起宗疏：《紫陽真人悟真篇註疏》（洞真部・玉訣類・律字號）
   （南宋）薛道光、陸墅、（元）陳致虛注：《紫陽真人悟真篇三註》（洞真部・玉訣類・律字號》
   （南朝梁）陶弘景編：《洞玄靈寶真靈位業圖》（洞真部・譜錄類・騰字號）
   《金闕帝君三元真一經》（洞真部・方法類・果字號）
   《太玄八景籙》（洞真部・方法類・果字號）
   《鍾呂傳道集》，收於《修真十書》（洞真部・方法類・李字號）
   《太上黃庭內景玉經》（洞玄部・本文類，人字號）
   《太上黃庭外景玉經》（洞玄部・本文類，人字號）
   《太上洞玄靈寶法燭經》（洞玄部・本文類・字字號）
   《太上靈寶智慧觀身經》（洞玄部・本文類・字字號）

（金）劉處玄注：《黃庭內景玉經註》（洞玄部・玉訣類・推字號）

（唐）梁丘子注：《黃庭內景玉經註》（洞玄部・玉訣類・推字號）

《太上靈寶五符序》（洞玄部・神符類・衣字號）

《太上老君說常清靜妙經》（洞神部・本文類・傷字號）

《太上老君內觀經》（洞神部・本文類・傷字號）

《西昇經》（洞神部・本文類・慕字號）

（三國魏）王弼注：《道德眞經註》（洞神部・玉訣類・得字號）

（北宋）寇宗奭編撰：許洪校正：《圖經集註衍義本草》（洞神部・靈圖類・資字號）

《太清調氣經》（洞神部・方法類・盡字號）

（唐）孫思邈著：《存神鍊氣銘》（洞神部・方法類・命字號）

（南朝梁）陶弘景撰：《養性延命錄》（洞神部・方法類・臨字號）

（南宋）吳悞撰：《指歸集》（洞神部・眾術類・如字號）

《上清祕道九精回曜合神上眞玉經》（太玄部・取字號）

（南宋）朱熹注：《周易參同契註》（太玄部・容字號）

（南朝梁）陶弘景編撰：《眞誥》（太玄部・安字號）

（南宋）曾慥編：《道樞》（太玄部・篤字號）

《黃帝內經素問遺篇》（太玄部・所字號）

（唐）司馬承禎述：《天隱子》（太玄部・甚字號）

（北宋）張君房編：《雲笈七籤》（太玄部・學字號），引用者列如下：

    a.《太清中黃眞經》

    b.《老子中經》

    c.《攝養枕中方》

    d.《祕要訣法修眞旨要》

    e.《元氣論》

    f.《諸家氣法》

北周武帝詔命編纂：《無上祕要》（太平部・叔字號），引用者列如下：

    a.《洞眞九丹上化胎精中記經》

    b.《洞眞造形紫原二十四神經》

（唐）王懸河編：《三洞珠囊》（太平部・懷字號）

《祕傳正陽眞人靈寶畢法》（太清部・志字號）

董漢醇編：《群仙要語纂集》（正乙部・鼓字號）

《上清修身要事經》（正乙部・吹字號）

《正一法文修眞旨要》（正乙部・吹字號）

《洞眞高上玉帝大洞雌一玉檢五老寶經》（正乙部・右字號）

《洞眞太上素靈洞元大有妙經》（正乙部・右字號）

《洞眞上清開天三圖七星移度經》（正乙部・右字號）

《洞眞太上說智慧消魔眞經》（正乙部・內字號）

《洞眞太上道君元丹上經》（正乙部・內字號）

《洞眞太上青牙始生經》（正乙部・內字號）

《上清太上開天龍蹻經》（正乙部・達字號）

《太上元寶金庭無爲妙經》（正乙部・典字號）

《上清黃庭五藏六府眞人玉軸經》（正乙部・典字號）

《洞玄靈寶二十四生圖經》（正乙部・亦字號）

45. （明）朱權編撰：《天皇至道太清玉冊》，《續道藏・陪字號》

46. 《大正新脩大藏經》（台北：新文豐，1996），引用者列如下：

（南朝宋）求那跋陀羅譯：《雜阿含經》

（三國吳）維祇難等譯：《法句經》

（唐）實叉難陀譯：《地藏菩薩本願經》

（唐）般刺蜜帝譯：《大佛頂如來密因修證了義諸菩薩萬行首楞嚴經》

（後魏）菩提留支、曇林等譯：《妙法蓮華經憂波提舍》

（唐）玄奘譯：《阿毘達磨大毘婆沙論》

姚秦・鳩摩羅什譯：《大智度論》

姚秦・鳩摩羅什譯：《中論》

（隋）智顗著：《釋禪波羅密次第法門》

（隋）智顗著：《修習止觀坐禪法要》

47. （宋）李昉等編：《太平御覽》（台北：臺灣商務印書館，1975）。

（四）集部

1. （北宋）洪興祖撰；白化文等點校：《楚辭補注》（北京：中華書局，2000年）。

2. （清）嚴可均輯：《全上古三代秦漢三國六朝文》（北京：中華書局，1991）。

二、當代著作（先依姓氏筆劃，次依出版年代）

（一）中文專著

1. 丁原明撰：《黃老學論綱》（濟南：山東大學出版社，1997）。

2. 于春松撰：《神仙傳》（北京：東方出社，2005）。

3. 戈國龍著：《道教內丹學探微》（成都：巴蜀書社，2001）。

4. ───：《道教內丹學溯源》（北京：宗教文化出版社，2004）。

5. 任繼愈主編：《中國道教史》（北京：上海人民出版社，1991）。

6. 牟鍾鑒、張踐著：《中國宗教通史》（北京：社會科學文獻出版社，2000）。

7. 李養正撰：《道教概說》（北京：中華書局，2001）。

8. ───：《道教義理綜論》（北京：宗教文化出版社，2010）。

9. 杜正勝著：《從眉壽到長生：醫療文化與中國古代生命觀》（台北：三民書局，2005）。

10. 沈文華著：《內丹生命哲學研究》（北京：東方出版社，2006）。

11. 周紹賢著：《漢代哲學》（台北：臺灣中華書局，1983）。

12. 胡家聰撰：《管子新探》（北京：中國社會科學，1995）。

13. 胡孚琛著：《魏晉神仙道教──《抱朴子內篇》研究》（台北：臺灣商務印書館，1995）。

14. ───：《丹道法訣十二講》（北京：社會科學文獻，2009）。

15. 姜生、湯偉俠主編：《中國道教科學技術史·漢魏兩晉卷》（北京：科學出版社，2002）。

16. ───：《中國道教科學技術史·南北朝隋唐五代卷》（北京：科學出版社，2010）。

17. 陳攖寧著：《道教與養生》（北京：華文出版社，1989）。

18. 陳德興著：《氣論釋物的身體哲學：陰陽、五行、精氣理論的身體形構》（台北：五南文化，2009）。

19. 張廣保撰：《唐宋內丹道教》（上海：上海文化出版社，2001）。

20. 張欽著：《道教煉養心理學引論》（成都：巴蜀書社，1999）。

21. 張其成著：《易學與中醫──東方生命花園》（臺北：志遠書局，2002）。

22. 游建西撰：《道家道教史略論稿》（北京：光明日報出版社，2006）。

23. 葛兆光著：《道教與中國文化》（台北：東華書局，1989）。

24. 裘錫圭著：《文史叢稿──上古思想、民俗與古文字學史》（上海：上海遠東出版社，1996）。

25. 楊儒賓著：《儒家身體觀》（台北：中央研究院中國文哲研究所，2008）。

26. 鄭世根著：《莊子氣化論》（台北：臺灣學生書局，1993）。

27. 劉長林著：《中國系統思維》（北京：中國社會科學出版社，1991）。

28. 劉力紅著：《思考中醫：對自然與生命的時間解讀》（台北：積木文化出版，2005）。

29. 劉興仁主編：《中醫學基礎理論》（北京：學苑出版社，2008）。

30. 蔡林波著：《神藥之殤——道教丹術轉型的文化闡釋》（成都：巴蜀書社，2008）。

31. 盧國龍撰：《道教哲學》（北京：華夏出版社，1998）。

32. 錢穆著：《中國學術思想史論叢（二）》，《錢賓四先生全集》（台北：聯經，1995）。

33. 蕭登福著：《周秦兩漢早期道教》（台北：文津出版社，1998）。

34. ────：《先秦兩漢冥界及神仙思想探原》（台北：文津出版社，2001）。

35. ────：《道教與民俗》（台北：文津出版社，2002）。

36. ────：《六朝道教上清派研究》（台北：文津出版社，2005）。

37. ────：《正統道藏總目提要》（台北：文津出版社，2011）。

38. 鄺芷人撰：《陰陽五行及其體系》（台北：文津出版社，1992）。

39. 龔鵬程著：《道教新論（二集）》（嘉義：南華管理學院，1998）。

（二）外文譯著（依姓氏字母順序排列）

1. Ernst Cassirer 著；甘陽譯：《人論》（台北：桂冠圖書，1990）。

2. Mircea Eliade 著；楊儒賓譯：《宇宙與歷史：永恆回歸的神話》（台北：聯經出版公司，2000）。

3. Carl Gustav Jung 著；楊儒賓譯：《黃金之花的祕密——道教內丹學引論‧導論》（台北：商鼎文化，2002）。

4. Lucien Lévy-Bruhl 著；丁由譯：《原始思維》（台北：臺灣商務印書館，2001）。

5. Bronislaw Malinowski 著；李安宅編譯：《巫術科學宗教與神話》（上海：上海文藝出版社，1987）。

6. Harold D. Roth 著；嚴明等譯：《原道：《內業》與道家神祕主義的基礎》（北京：學苑出版社，2009）。

7. 李約瑟著；鄒海波譯：《中國科學技術史》（北京：科學出版社，2011）。

8. 湯淺泰雄著；馬超等編譯：《靈肉探微》（北京：友誼出版公司，1990）。

9. 石田秀實著；楊宇譯：《氣‧流動的身體：中醫學原理與道教養生術》（台北：武陵出版，1996）。

（三）學位論文

1. 于紅撰：《先秦道家和《黃帝內經》中「神」範疇的研究》，北京中醫藥大學碩士論文（2004）。

2. 王屾林撰：《魏晉士人之身體觀》，中山大學中國文學研究所（2006）。

3. 朴順天撰：《心神理論研究》，北京中醫藥大學博士論文（2002）。

4. 余平撰：《漢晉神仙信仰的現象學詮釋——對幾部早期重要道經的縱深解

讀》，四川大學宗教學研究所博士論文（2006）。

5. 李霖生撰：《辭與物：《易傳》釋物的秩序》，臺灣大學哲學研究所博士論文（1996）。

6. 林永勝撰：《南朝隋唐重玄學派的工夫論》，清華大學中國文學系研究所博士論文（2008）。

7. 張超然撰：《六朝道教上清經派存思法研究》，政治大學中文系研究所碩士論文（1999）。

8. 張崇富撰：《上清派修煉思想研究》，四川大學道教與宗教文化研究所博士論文（2003）。

9. 張文安撰：《周秦兩漢神仙信仰研究》，鄭州大學博士論文（2005）。

10. 郭國泰撰：《秦漢思想中有關「陰陽」「五行」探討——從《呂氏春秋》到《太平經》》，東吳大學中國文學系研究所博士論文（2008）。

11. 黃崇修撰：《從身體觀論虛靜工夫的哲學義涵——以先秦氣化思想爲核心》，政治大學哲學研究所碩士論文（1999）。

12. 楊玉輝撰：《道教人學研究》，四川大學宗教研究所博士論文（2001）。

13. 劉孝聖撰：《醫療與身體——以先秦兩漢出土文獻爲中心》，臺灣大學中國文學系研究所碩士論文（2009）。

14. 戰佳陽撰：《道家、道教與《黃帝內經》》，遼寧中醫學院博士論文（2004）。

15. 謝建亮撰：《道教內丹學中的順逆理論闡釋》，西南政法大學中國哲學系碩士論文（2010）。

16. 羅正孝撰：《《太平經》生命觀之研究》，南華大學宗教學研究所碩士論文（2004）。

（四）單篇論文

1. 王鴻謨撰：〈中醫神魂魄理論及其科學性〉，《北京中醫》第 23 卷第 6 期（2004）。

2. 王敏、任偉撰：〈中醫心腎相交學說與道家內丹術關係的探析〉，《中醫藥學報》39 卷 5 期（2011）。

3. 戈國龍撰：〈道教內丹學中「順逆」問題的現代詮釋〉，《宗教學研究》第 3 期（1998 年）。

4. 石田秀實撰：林宜芳譯：〈由身體生成過程的認識來看中國古代身體觀的特質〉，收入楊儒賓主編：《中國古代思想中的氣論及身體觀》（台北：巨流圖書，1993）。

5. 加藤千惠撰：《《老子中經》與內丹思想的起源〉，《宗教學研究》第 17 期（1997）。

6. 李豐楙撰：〈葛洪《抱朴子》內篇的「氣」、「炁」學說——中國道教丹道

養生思想的基礎〉，收入楊儒賓主編：《中國古代思想中的氣論及身體觀》（台北：巨流圖書，1993）。

7. 杜正勝撰：〈形體、精氣與魂魄：中國傳統對「人」認識的形成〉，收入黃應貴主編：《人觀、意義與社會》（台北：中央研究院民族學研究所，1993）。

8. 林富士撰：〈試論六朝時期的道巫之別〉，收入周質平、Willard J. Peterson 編：《國史浮海開新錄：余英時教授榮退論文集》（台北：聯經，2002）。

9. 林永勝撰：〈六朝道教三一論的興起與轉折——以存思技法爲線索〉，《漢學研究》26 卷 1 期（2008）。

10. 孫迎節撰：〈中醫腦神學說的發展與反思〉，《山東中醫雜誌》第 15 卷第 3 期（1996）。

11. 孫廣仁撰：〈中醫精氣學說與哲學精氣學說的源流〉，《中國醫藥學報》第 12 卷第 3 期（1997）。

12. 孫嘉鴻撰：〈道教辟穀食氣術初探〉，《嘉南學報》33 期（2007）。

13. 馬非白撰：〈《管子‧內業》篇之精神學說及其他〉，《管子學刊》4 期（1998）。

14. 湯淺泰雄撰：盧瑞容譯：〈「氣之身體觀」在東亞哲學與科學中的探討——及其與西洋的比較考察〉，收入楊儒賓主編：《中國古代思想中的氣論及身體觀》（台北：巨流圖書，1993）。

15. 楊儒賓撰：〈支離與踐形——論先秦思想裡的兩種身體觀〉，收入楊儒賓主編：《中國古代思想中的氣論及身體觀》（台北：巨流圖書，1993）。

16. 劉長林撰：〈說「氣」〉，收入楊儒賓主編：《中國古代思想中的氣論及身體觀》（台北：巨流圖書，1993）。

17. 劉星撰：〈「天人合一」觀本質的演變及對中醫學的影響〉，《中國醫藥學報》第 17 卷第 7 期（2002）。

18. 劉永明撰：〈試析道教身神說的醫學內涵〉，《西北民族大學學報》（哲學社會科學版）第 2 期（2004）。

19. 蔡璧名撰：〈身外之身：《黃庭內景經》注中的兩種眞身圖像〉，《思與言》44 卷 1 期（2006）。

20. 蕭登福撰：〈藏經及敦煌寫卷所見受道教避穀食氣思想影響的佛典〉，收入《新世紀敦煌學論集》（成都：巴蜀書社，2003）。

21. 蕭進銘撰：〈六朝以前道教丹田說及其修行法研究〉，收入楊儒賓、馬淵昌也、艾皓德編：《東亞的靜坐傳統》（台北：國立臺灣大學出版中心，2012）。

（本論文資料查詢、檢索方面，得益於中央研究院歷史語言所「瀚典」漢籍電子文獻資料庫與故宮博物院「寒泉」古典文獻全文檢索資料庫，特此致謝。）